짧고 쉬운 일상 회화만 뽑아 쓰는

만만한 생활 중국어

이보고, 임대근 지음

1

발음북

중국어의 발음

중국어 발음의 기본 규칙!

① 현대 표준 중국어는 한자로 표기한다.　ex) 一 大 文 好

② 한자를 보고 바로 발음을 알기 어려우므로 '한어병음방안'으로 발음을 표기한다.
　'한어병음방안'은 로마자 알파벳 기호를 활용한다.　ex) yī dà wén hǎo

③ 현대 표준 중국어의 음절은 성모, 운모, 성조로 구성된다.
　• 성모, 운모, 성조로 구성된 한 묶음이 곧 한 음절이다.
　• 성모는 한 음절 첫머리에 오는 자음 부분이다.
　• 운모는 한 음절에서 모음과 뒤따라오는 자음(n, ng, r)을 합한 부분이며, 우리말 음절의 중성과 종성을 합한 부분이다.
　• 성조는 음절의 높고 낮은 변화를 나타낸다.

Check up!

발음기호를 보고 각각 성모, 운모, 성조를 찾아보세요.

① bèng　　② dāo　　③ gěi
④ jiàn　　⑤ zhǎo　　⑥ yán

성조

현대 표준 중국어에는 네 개의 성조가 있다. 이를 통틀어 '4성'이라고 부르며, 네 가지 성조의 이름은 각각 제1성, 제2성, 제3성, 제4성이다.

제1성

제1성은 높은 음을 길고 평평하게 내는 소리이다. 여기서 '높다'라는 말은 자신이 낼 수 있는 음역대에서 높은 소리를 낸다는 뜻이다. 보통 '솔' 정도의 음높이가 알맞다. 제1성보다 높은 소리는 없으므로, 제1성이 중국어를 구사하는 데 있어 가장 높은 음이다.

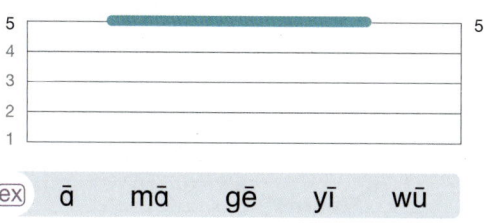

제2성

제2성은 아래에서 위로 쭉 뻗어 올라가는 소리이다. 중간에 멈칫하지 말고 한 번에 끌어올리며, '미'에서 '솔'까지 올라가는 음높이가 알맞다.

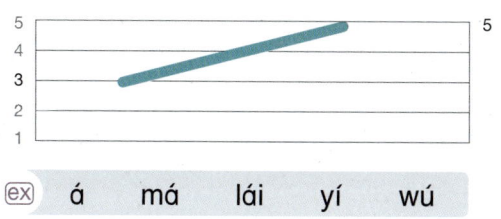

제3성

제3성은 비교적 낮은 음에서 시작하여 더욱 낮게 내려갔다가 다시 위로 뻗어 올려 '레'–'도'–'솔' 음을 연속으로 내는 소리이다. 그러나 실제로 중국어를 구사할 때 제3성을 온전하게 발음하는 경우는 드물다. 낮은 부분만을 발음하는 경우가 많으며(반3성), 성조 중에서 가장 낮은 음이다.

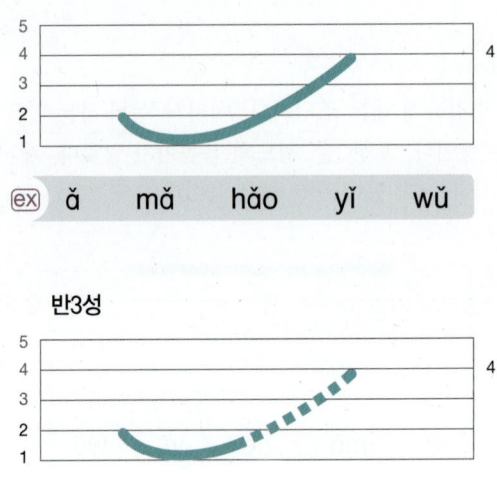

제4성

제4성은 높은 음에서 시작하여 낮은 음으로 뚝 떨어지는 소리이다. '솔'–'도' 음의 연속이라고 볼 수 있다. 강하고 급하게 내는 소리이다.

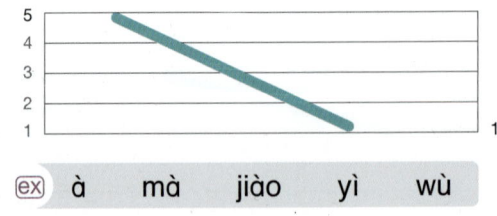

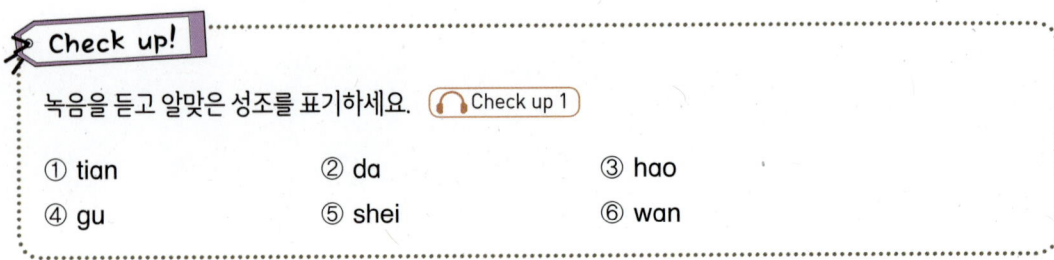

경성

경성은 짧고 약하게 발음하는 성조이다. 원래 다른 성조에서 변화된 것으로 독립된 성조로 보지 않는다. 다른 성조 뒤에 이어서 소리 내며, 성조 표기는 하지 않는다. 앞에 오는 성조에 따라 높낮이가 달라진다.

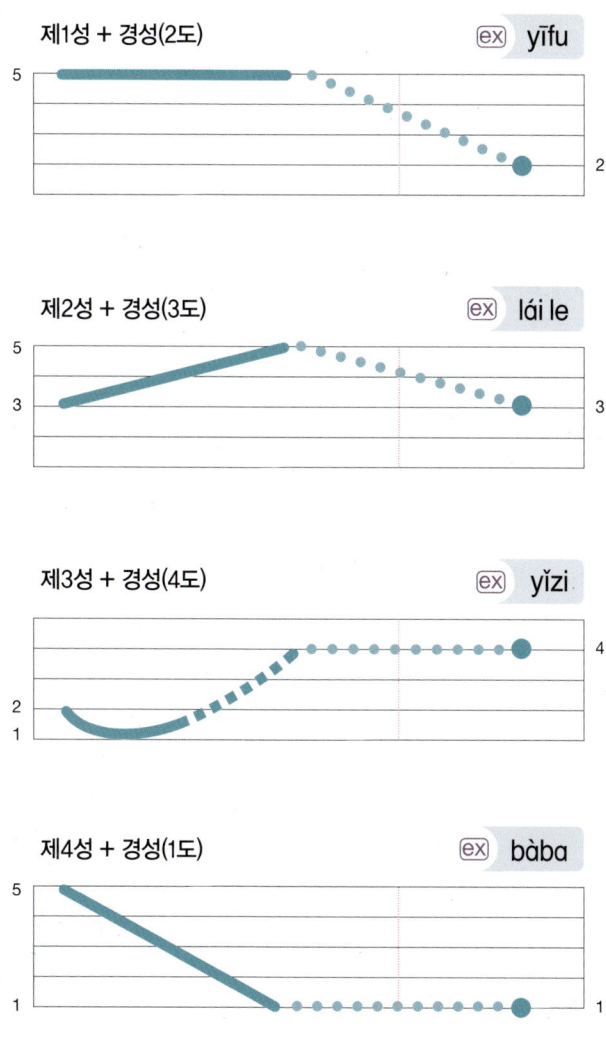

Check up!

녹음을 듣고 알맞은 성조를 표기하세요. (Check up 2)

① piaoliang ② women ③ yanjing
④ pengyou ⑤ beizi ⑥ gaosu

운모 1 🎧 운모1

운모는 우리말 음절의 모음과 받침을 포함하는 개념이다. 현대 표준 중국어에는 모두 38개의 운모가 있다. (본 책에서는 7개의 단운모와 29개의 복운모로 분류하여 학습한다.)

a	o	e	i	u	ü	er

❶ 한 모음 운모 (단운모)
하나의 모음으로 된 운모로 발음할 때 처음부터 끝까지 입 모양이 바뀌지 않는다.

a	입을 크고 둥글게 벌리고 우리말 '아'처럼 소리 낸다.	ā	á	ǎ	à
o	입을 오므리고 우리말 '우오'처럼 소리 낸다.	ō	ó	ǒ	ò
e	입을 양쪽으로 적당히 벌리고 우리말 '어'처럼 소리 낸다. 모음 i와 결합했을 때는 우리말 '에'처럼 소리 낸다.	ē	é	ě	è
		ēi	éi	ěi	èi
i	입을 양쪽으로 벌리고 우리말 '이'처럼 소리 낸다. 첫머리에 올 때는 yi로 표기한다.	yī	yí	yǐ	yì
u	입을 오므려 앞으로 내밀고 우리말 '우'처럼 소리 낸다. 첫머리에 올 때는 wu로 표기한다.	wū	wú	wǔ	wù
ü	입술을 동그랗게 오므린 상태에서 모양을 바꾸지 않고, 우리말 '위'처럼 소리 낸다. 첫머리에 올 때는 yu로 표기한다.	yū	yú	yǔ	yù
er	혀를 말아 올린 상태에서 '얼'처럼 소리 낸다.	ēr	ér	ěr	èr

> **Check up!**
>
> 한 모음 운모를 성조에 맞추어 큰소리로 읽어 보세요.
>
> ① ā á ǎ à   ② ō ó ǒ ò   ③ ē é ě è
> ④ yī yí yǐ yì   ⑤ wū wú wǔ wù   ⑥ ēi éi ěi èi
> ⑦ yē yé yě yè   ⑧ yū yú yǔ yù   ⑨ ēr ér ěr èr

성모 🎧 성모

성모는 우리말 음절 첫머리에 오는 자음에 해당한다. 현대 표준 중국어에는 모두 21개의 성모가 있다.

b	p	m	f
d	t	n	l
g	k	h	
j	q	x	
zh	ch	sh	r
z	c	s	

❶ 입술 소리
입술을 붙였다 떼면서 내는 소리

		bō	bá	bǐ	bù
b [bo]	'ㅂ', 'ㅃ'처럼 소리 낸다.	bō	bá	bǐ	bù
p [po]	'ㅍ'처럼 소리 낸다.	pō	pá	pǐ	pù
m [mo]	'ㅁ'처럼 소리 낸다.	mō	má	mǐ	mù
f [fo]	영어의 f처럼 소리 낸다.	fō	fá	fǒ	fù

❷ 혀끝 – 이 소리
혀끝을 윗니 뒤쪽에 갖다 댔다 떼면서 내는 소리

d [de]	'ㄷ', 'ㄸ'처럼 소리 낸다.	dē	dá	dǐ	dù
t [te]	'ㅌ'처럼 소리 낸다.	tē	tá	tǐ	tì
n [ne]	'ㄴ'처럼 소리 낸다.	nē	ná	nǐ	nù
l [le]	'ㄹ'처럼 소리 낸다.	lē	lá	lǐ	lù

Check up!

성모에 유의하면서 큰 소리로 읽어 보세요.

① bō   bá   bǐ   bù   ② pō   pá   pǐ   pù
③ mō   má   mǐ   mù   ④ fō   fá   fǒ   fù
⑤ dē   dá   dǐ   dù   ⑥ tē   tá   tǐ   tù
⑦ nē   ná   nǐ   nù   ⑧ lē   lá   lǐ   lù

❸ 혀뿌리 소리

g [ge]	'ㄱ', 'ㄲ'처럼 소리 낸다.	gē	gá	gǔ	gè
k [ke]	'ㅋ'처럼 소리 낸다. 우리말 'ㅋ'보다는 목구멍 더 깊은 곳에서 소리 낸다.	kē	ká	kǔ	kè
h [he]	'ㅎ'처럼 소리 낸다. 우리말 'ㅎ'보다는 목구멍 더 깊은 곳에서 소리 낸다.	hē	há	hǔ	hè

❹ 혓바닥 소리

j [ji]	'ㅈ', 'ㅉ'처럼 소리 낸다.	jī	jí	jǔ	jù
q [qi]	'ㅊ'처럼 소리 낸다.	qī	qí	qǔ	qù
x [xi]	'ㅅ', 'ㅆ'처럼 소리 낸다.	xī	xí	xǔ	xù

• 혓바닥 소리 j, q, x와 운모 ü가 결합하면 ju, qu, xu로 표기한다.

❺ 혀말이 소리

zh [zhi]	혀를 입천장 쪽으로 말아 올린 상태에서 공기를 내뿜으며 소리 낸다.	zhī	zhá	zhǔ	zhè
ch [chi]	혀를 입천장 쪽으로 말아 올린 상태에서 공기를 강하게 내뿜으며 소리 낸다.	chī	chá	chǔ	chè
sh [shi]	혀를 입천장 쪽으로 말아 올린 상태에서 공기를 마찰시키며 소리 낸다.	shī	shá	shǔ	shè
r [ri]	혀를 입천장 쪽으로 말아 올린 상태에서 공기를 내뿜으며 떨림을 주어 소리 낸다.	rī	rú	rě	rì

• 혀말이 소리와 결합하는 i는 단독으로는 발음할 수 없는 운모로 '으'처럼 소리 낸다.

❻ 혀끝 소리

z [zi]	혀끝을 뾰족하게 하여 위 아랫니 사이에 댔다 떼면서 소리 낸다.	zī	zá	zǔ	zè
c [ci]	혀끝을 뾰족하게 하여 위 아랫니 사이에 댔다 떼면서 공기를 강하게 내뿜으며 소리 낸다.	cī	cá	cǔ	cè
s [si]	혀끝을 뾰족하게 하여 위 아랫니 사이에 댔다 떼면서 공기를 마찰시키며 소리 낸다.	sī	sá	sǔ	sè

• 혀끝 소리와 결합하는 i는 단독으로는 발음할 수 없는 운모로 '으'처럼 소리 낸다.

Check up!

성모에 유의하면서 큰 소리로 읽어 보세요.

①	gē	gá	gǔ	gè	②	kē	ké	kǔ	kè
③	hē	há	hǔ	hè	④	jī	jí	jǔ	jù
⑤	qī	qí	qǔ	qù	⑥	xī	xí	xǔ	xù
⑦	zhī	zhá	zhǔ	zhè	⑧	chī	chá	chǔ	chè
⑨	shī	shá	shǔ	shè	⑩	rī	rú	rě	rì
⑪	zī	zá	zǔ	zè	⑫	cī	cá	cǔ	cè
⑬	sī	sá	sǔ	sè					

운모 2 🎧 운모2

❶ 이중 모음 운모 (복운모)

ai	ei	ao	ou
ia	ie	iao	iou
ua	uo	uai	uei
üe			

ai	'아이'처럼 소리 낸다.	dāi	lái	mǎi	nài
ei	'에이'처럼 소리 낸다.	bēi	déi	gěi	pèi
ao	'아오'처럼 소리 낸다.	dāo	náo	tǎo	rào
ou	'어우'처럼 소리 낸다.	gōu	hóu	lǒu	zòu

ia	'이야'처럼 소리 낸다. ✢ 성모가 없을 때는 i 대신 y를 쓴다.	yā	jiá	qiǎ	xià
ie	'이에'처럼 소리 낸다. ✢ 성모가 없을 때는 i 대신 y를 쓴다.	yē	bié	jiě	xiè
iao	'이야오'처럼 소리 낸다. ✢ 성모가 없을 때는 i 대신 y를 쓴다.	yāo	liáo	tiǎo	xiào
iou	'이어우'처럼 소리 낸다. ✢ 성모가 없을 때는 i 대신 y를 쓴다. 성모가 있을 때는 iou를 iu로 줄여 쓴다.	yōu	diú	niǔ	qiù

ua	'우와'처럼 소리 낸다. ✢ 성모가 없을 때는 u대신 w를 쓴다.	wā	huá	kuǎ	zhuà
uo	'우오'처럼 소리 낸다. ✢ 성모가 없을 때는 u 대신 w를 쓴다.	wō	duó	guǒ	zuò
uai	'우아이'처럼 소리 낸다. ✢ 성모가 없을 때는 u 대신 w를 쓴다.	wāi	huái	kuǎi	shuài
uei	'우에이'처럼 소리 낸다. ✢ 성모가 없을 때는 u 대신 w를 쓴다. 성모가 있을 때는 uei를 ui로 줄여 쓴다.	wēi	cuí	tuǐ	zhuì

üe	'위에'처럼 소리 낸다. ✢ 표기할 때는 ü 대신 u를 쓰고 성모가 없을 때는 u앞에 y를 덧붙인다.	yuē	jué	xuě	lüè

Check up!

운모에 유의하면서 큰 소리로 읽어 보세요.

① dai	lái	mǎi	nài	② bēi	déi	gěi	pèi
③ gǎo	náo	tǎo	rào	④ gōu	hóu	lǒu	zòu
⑤ yā	jiá	qiǎ	xià	⑥ yē	bié	jiě	xiè
⑦ yāo	liáo	tiǎo	xiào	⑧ yōu	diú	niǔ	qiù
⑨ wā	huá	kuǎ	zhuà	⑩ wō	duó	guǒ	zuò
⑪ wāi	huái	kuǎi	shuài	⑫ wēi	cuí	tuǐ	zhuì
⑬ yuē	jué	xué	lüè				

❷ 콧소리 운모

an	en	ang	eng	ong
ian	in	iang	ing	iong
uan	uen	uang	ueng	
üan	ün			

an	'안'처럼 소리 낸다.	ān gán hǎn kàn
en	'으언'처럼 소리 낸다.	fēn hén rěn zhèn
ang	'앙'처럼 소리 낸다.	bāng máng wǎng zàng
eng	'으엉'처럼 소리 낸다.	dēng péng rěng tèng
ong	'웅'처럼 소리 낸다.	cōng hóng lǒng sòng

ian	'이엔'처럼 소리 낸다.	jiān lián niǎn tiàn
in	'인', '이언'처럼 소리 낸다. ➕ 성모가 없을 때는 i 앞에 y를 덧붙인다.	yīn mín jǐn xìn
iang	'이앙'처럼 소리 낸다. ➕ 성모가 없을 때는 i 대신 y를 쓴다.	yāng liáng qiǎng xiàng

운모	설명	예시
ing	'잉', '이엉'처럼 소리 낸다. + 성모가 없을 때는 i 앞에 y를 덧붙인다.	yīng bíng mǐng tìng
iong	'이웅'처럼 소리 낸다. + 성모가 없을 때는 i 대신 y를 쓴다.	yōng jióng qiǒng xiòng

운모	설명	예시
uan	'우안'처럼 소리 낸다. + 성모가 없을 때는 u 대신 w를 쓴다.	wān huán kuǎn luàn
uen	'우언'처럼 소리 낸다. + 성모가 없을 때는 u 대신 w를 쓴다.	wēn dún sǔn chùn
uang	'우앙'처럼 소리 낸다. + 성모가 없을 때는 u 대신 w를 쓴다.	wāng guáng kuǎng zhuàng
ueng	'우엉'처럼 소리 낸다. + 성모가 없을 때는 u 대신 w를 쓴다.	wēng wéng wěng wèng

운모	설명	예시
üan	'위엔'처럼 소리 낸다. + 표기할 때는 ü 대신 u를 쓰고 성모가 없을 때는 u앞에 y를 덧붙인다.	yuān juán quǎn xuàn
ün	'윈'처럼 소리 낸다. + 표기할 때는 ü 대신 u를 쓰고 성모가 없을 때는 u앞에 y를 덧붙인다.	yūn jún qǔn xùn

Check up!

운모에 유의하면서 큰 소리로 읽어 보세요.

① ān   gán   hǎn   kàn   ② fēn   hén   rén   zhèn
③ bāng máng wǎng   zàng   ④ dēng   péng   rěng   tèng
⑤ cōng hóng lǒng   sòng   ⑥ jiān   lián   niǎn   tiàn
⑦ yīn   mín   jǐn   xìn   ⑧ yāng   liáng qiǎng xiàng
⑨ yīng bíng mǐng   tìng   ⑩ yōng   jióng qiǒng xiòng
⑪ wān   huán kuǎn   luàn   ⑫ wēn   dún   sǔn   chùn
⑬ wāng guáng kuǎng zhuàng   ⑭ wēng   wéng   wěng   wèng
⑮ yuān juán quǎn   xuàn   ⑯ yūn   jún   qǔn   xùn

성조 표기의 기본 규칙

① 성조는 운모의 모음(a, o, e, i, u, ü) 위에 표기한다.
② 운모 중 a, o, e가 있으면 그 위에 표기한다.
③ 운모 중 a, o가 같이 있으면 a 위에 표기한다.
④ 운모 중 i, u가 같이 있으면 뒤에 있는 모음 위에 표기한다.
⑤ i 위에 성조를 표기할 때는 점을 빼고 표기한다.
- 성조 표기 우선 순위   a > o > e > i/u/ü

Check up!

녹음을 듣고 알맞은 성조를 바르게 표기하세요. Check up 3

①	kan	bo	jun	geng	②	zhou	tuo	hua	yuan
③	fei	tie	zai	lao	④	diu	cui	zhui	shuai
⑤	nü	lüe	pin	cong	⑥	mian	biao	qiong	xiang

성조 결합

각각의 성조 결합 단어를 큰 소리로 읽으며 성조와 발음을 연습해보세요.

▶ 제1성

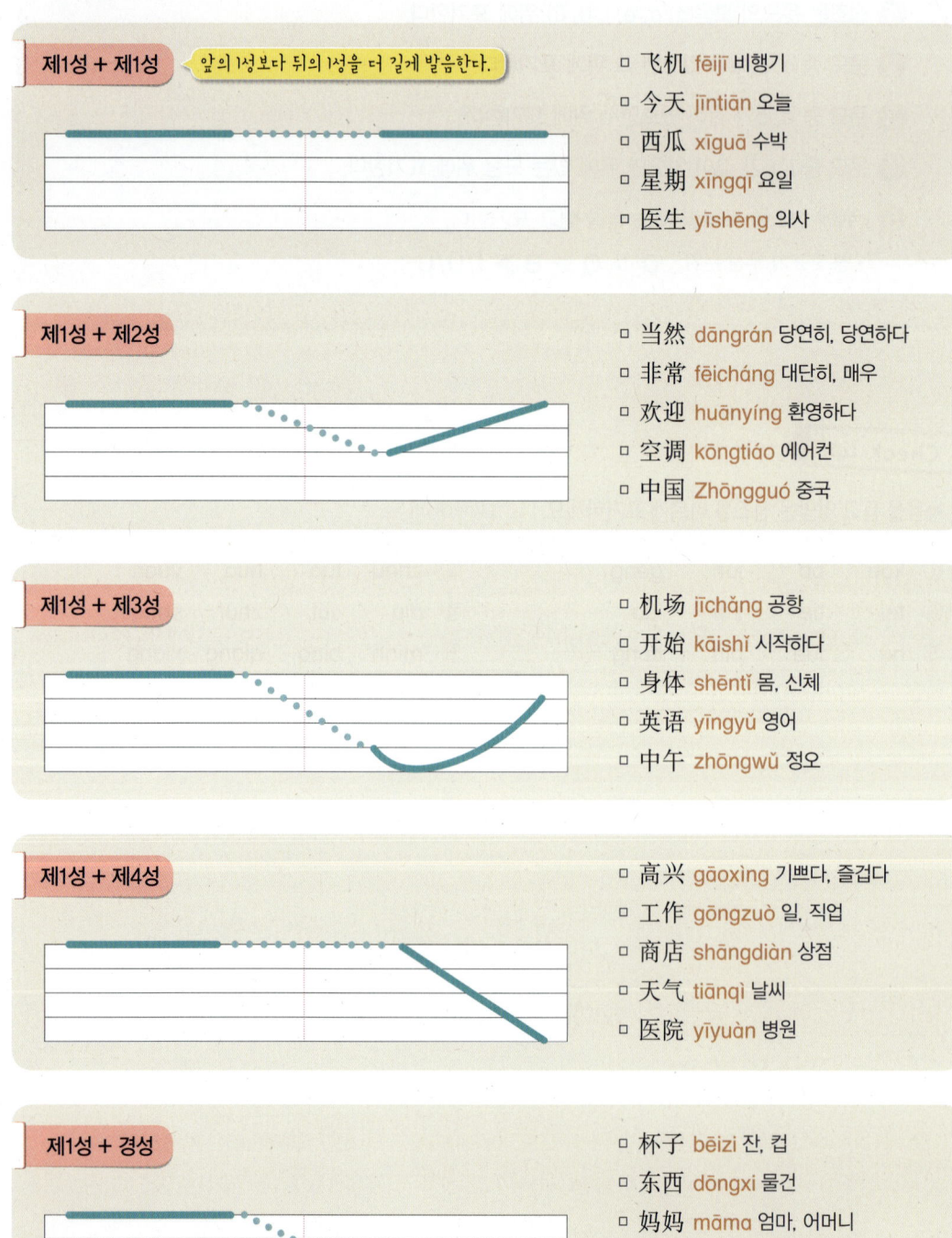

제1성 + 제1성 앞의 1성보다 뒤의 1성을 더 길게 발음한다.
- 飞机 fēijī 비행기
- 今天 jīntiān 오늘
- 西瓜 xīguā 수박
- 星期 xīngqī 요일
- 医生 yīshēng 의사

제1성 + 제2성
- 当然 dāngrán 당연히, 당연하다
- 非常 fēicháng 대단히, 매우
- 欢迎 huānyíng 환영하다
- 空调 kōngtiáo 에어컨
- 中国 Zhōngguó 중국

제1성 + 제3성
- 机场 jīchǎng 공항
- 开始 kāishǐ 시작하다
- 身体 shēntǐ 몸, 신체
- 英语 yīngyǔ 영어
- 中午 zhōngwǔ 정오

제1성 + 제4성
- 高兴 gāoxìng 기쁘다, 즐겁다
- 工作 gōngzuò 일, 직업
- 商店 shāngdiàn 상점
- 天气 tiānqì 날씨
- 医院 yīyuàn 병원

제1성 + 경성
- 杯子 bēizi 잔, 컵
- 东西 dōngxi 물건
- 妈妈 māma 엄마, 어머니
- 桌子 zhuōzi 책상, 테이블
- 衣服 yīfu 옷, 의복

제2성 🎧 제2성

제2성 + 제1성

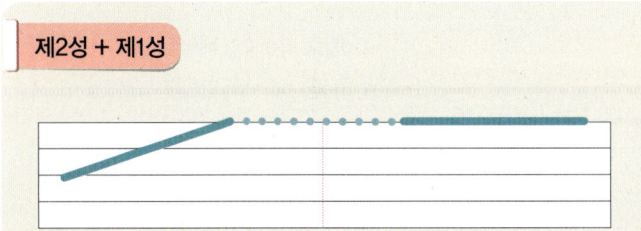

- 房间 fángjiān 방
- 明天 míngtiān 내일
- 旁边 pángbiān 옆
- 时间 shíjiān 시간
- 昨天 zuótiān 어제

제2성 + 제2성 *앞의 2성은 뒤의 2성보다 가볍게 발음한다.*

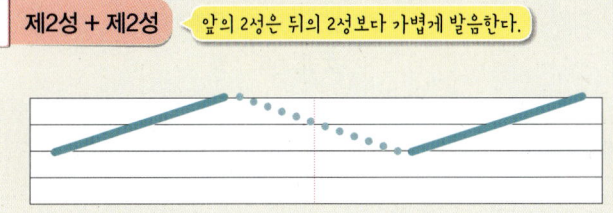

- 学习 xuéxí 공부하다, 학습하다
- 同学 tóngxué 학교친구
- 回答 huídá 대답하다
- 着急 zháojí 조급해하다
- 完成 wánchéng 완성하다

제2성 + 제3성

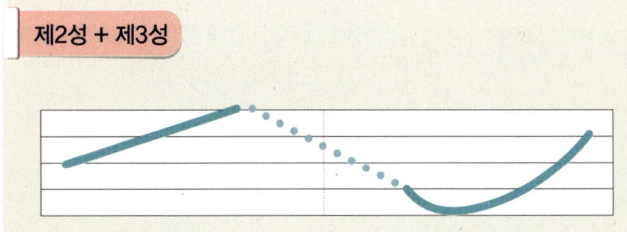

- 没有 méiyǒu 없다
- 牛奶 niúnǎi 우유
- 啤酒 píjiǔ 맥주
- 苹果 píngguǒ 사과
- 游泳 yóuyǒng 수영하다

제2성 + 제4성

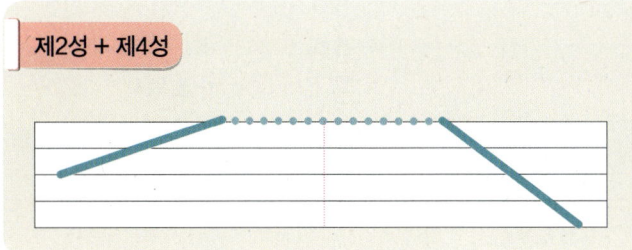

- 然后 ránhòu 그런 후에
- 学校 xuéxiào 학교
- 颜色 yánsè 색, 색깔
- 羊肉 yángròu 양고기
- 一共 yígòng 모두, 전부

제2성 + 경성

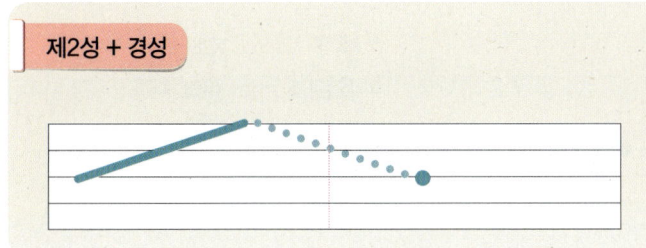

- 名字 míngzi 성명
- 朋友 péngyou 친구
- 裙子 qúnzi 치마
- 什么 shénme 무엇
- 学生 xuésheng 학생

제3성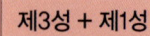

3성은 다른 성조와 결합할 때 온전히 발음하지 않고 절반만 발음한다. 이를 '반3성'이라고 한다.

제3성 + 제1성

- 北京 Běijīng 베이징
- 好吃 hǎochī 맛있다
- 简单 jiǎndān 간단하다
- 老师 lǎoshī 선생님, 스승
- 手机 shǒujī 휴대전화

제3성 + 제2성

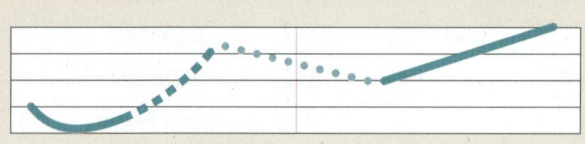

- 旅游 lǚyóu 여행하다
- 女儿 nǚ'ér 딸
- 起床 qǐchuáng (잠자리에서) 일어나다
- 小时 xiǎoshí 시간
- 有名 yǒumíng 유명하다

제3성 + 제3성 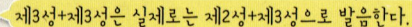 제3성+제3성은 실제로는 제2성+제3성으로 발음한다.

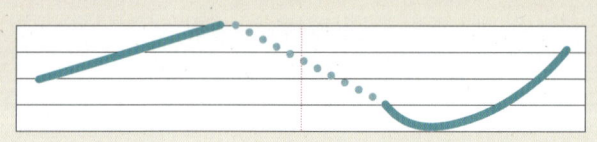

- 可以 kěyǐ 할 수 있다, 가능하다
- 手表 shǒubiǎo 손목시계
- 水果 shuǐguǒ 과일
- 所以 suǒyǐ 그래서, 그러므로
- 洗澡 xǐzǎo 목욕하다

제3성 + 제4성

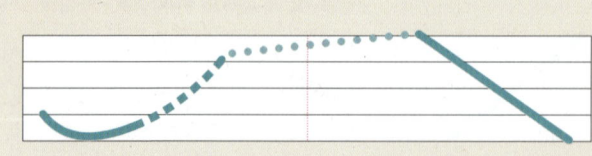

- 考试 kǎoshì 시험, 시험을 치다
- 马上 mǎshàng 곧, 즉시
- 米饭 mǐfàn 밥, 쌀밥
- 跑步 pǎobù 달리다
- 准备 zhǔnbèi 준비하다

제3성 + 경성

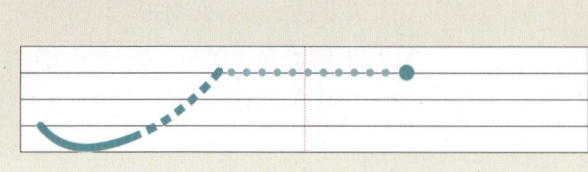

- 嗓子 sǎngzi 목소리, 목구멍
- 我们 wǒmen 우리, 저희
- 喜欢 xǐhuan 좋아하다
- 已经 yǐjīng 이미, 벌써
- 早上 zǎoshang 아침

제4성 🎧 제4성

제4성 + 제1성

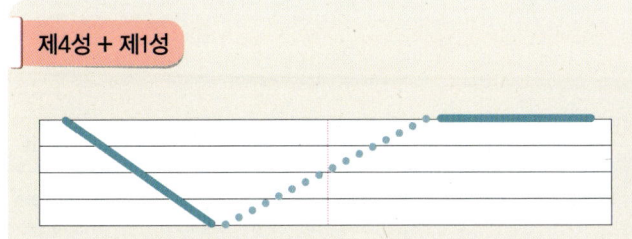

- 唱歌 chànggē 노래 부르다
- 大家 dàjiā 모두, 다들
- 第一 dì-yī 제1, 최초
- 上班 shàngbān 출근하다
- 一般 yìbān 보통, 보통이다

제4성 + 제2성

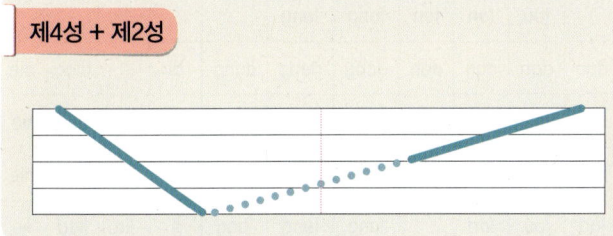

- 面条 miàntiáo 면, 국수
- 去年 qùnián 작년
- 特别 tèbié 특별히, 특별하다
- 问题 wèntí 문제
- 一直 yìzhí 줄곧, 계속

제4성 + 제3성

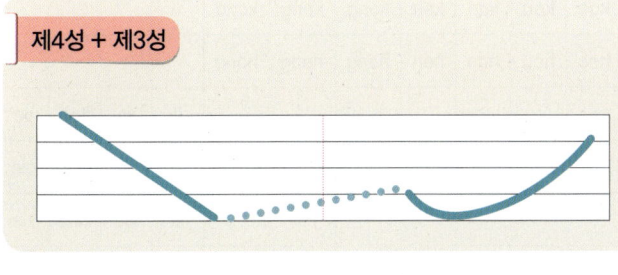

- 电影 diànyǐng 영화
- 汉语 Hànyǔ 중국어
- 上午 shàngwǔ 오전
- 下午 xiàwǔ 오후
- 下雨 xiàyǔ 비가 내리다

제4성 + 제4성

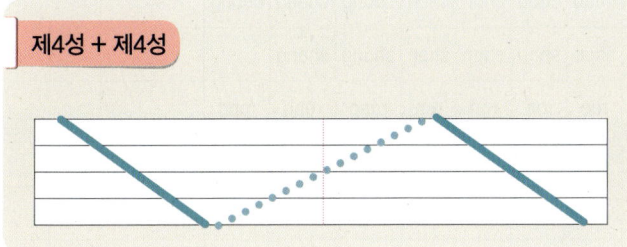

- 电视 diànshì 텔레비전
- 看见 kànjiàn 보다, 보이다
- 睡觉 shuìjiào 잠을 자다
- 现在 xiànzài 지금, 현재
- 再见 zàijiàn 또 보자

제4성 + 경성

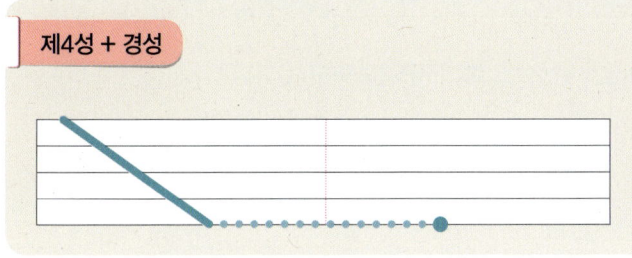

- 爸爸 bàba 아빠, 아버지
- 告诉 gàosu 말하다, 알리다
- 漂亮 piàoliang 예쁘다, 아름답다
- 认识 rènshi 알다, 인식하다
- 谢谢 xièxie 감사하다

중국어 음절표

	a	o	e	-i	er	ai	ei	ao	ou	an	en	ang	eng	ong	i	ia	iao	ie
b	ba	bo				bai	bei	bao		ban	ben	bang	beng		bi		biao	bie
p	pa	po				pai	pei	pao	pou	pan	pen	pang	peng		pi		piao	pie
m	ma	mo	me			mai	mei	mao	mou	man	men	mang	meng		mi		miao	mie
f	fa	fo					fei		fou	fan	fen	fang	feng					
d	da		de			dai	dei	dao	dou	dan	den	dang	deng	dong	di		diao	die
t	ta		te			tai		tao	tou	tan		tang	teng	tong	ti		tiao	tie
n	na		ne			nai	nei	nao	nou	nan	nen	nang	neng	nong	ni		niao	nie
l	la		le			lai	lei	lao	lou	lan		lang	leng	long	li	lia	liao	lie
g	ga		ge			gai	gei	gao	gou	gan	gen	gang	geng	gong				
k	ka		ke			kai	kei	kao	kou	kan	ken	kang	keng	kong				
h	ha		he			hai	hei	hao	hou	han	hen	hang	heng	hong				
j															ji	jia	jiao	jie
q															qi	qia	qiao	qie
x															xi	xia	xiao	xie
zh	zha		zhe	zhi		zhai	zhei	zhao	zhou	zhan	zhen	zhang	zheng	zhong				
ch	cha		che	chi		chai		chao	chou	chan	chen	chang	cheng	chong				
sh	sha		she	shi		shai	shei	shao	shou	shan	shen	shang	sheng					
r			re	ri				rao	rou	ran	ren	rang	reng	rong				
z	za		ze	zi		zai	zei	zao	zou	zan	zen	zang	zeng	zong				
c	ca		ce	ci		cai		cao	cou	can	cen	cang	ceng	cong				
s	sa		se	si		sai		sao	sou	san	sen	sang	seng	song				
	a	o	e		er	ai	ei	ao	ou	an	en	ang	eng		yi	ya	yao	ye

	iou	ian	in	iang	ing	iong	u	ua	uo	uai	uei	uan	uen	uang	ueng	ü	üe	üan	ün
		bian	bin		bing		bu												
		pian	pin		ping		pu												
	miu	mian	min		ming		mu												
							fu												
	diu	dian			ding		du		duo		dui	duan	dun						
		tian			ting		tu		tuo		tui	tuan	tun						
	niu	nian	nin	niang	ning		nu		nuo			nuan				nü	nüe		
	liu	lian	lin	liang	ling		lu		luo			luan	lun			lü	lüe		
							gu	gua	guo	guai	gui	guan	gun	guang					
							ku	kua	kuo	kuai	kui	kuan	kun	kuang					
							hu	hua	huo	huai	hui	huan	hun	huang					
	jiu	jian	jin	jiang	jing	jiong										ju	jue	juan	jun
	qiu	qian	qin	qiang	qing	qiong										qu	que	quan	qun
	xiu	xian	xin	xiang	xing	xiong										xu	xue	xuan	xun
							zhu	zhua	zhuo	zhuai	zhui	zhuan	zhun	zhuang					
							chu	chua	chuo	chuai	chui	chuan	chun	chuang					
							shu	shua	shuo	shuai	shui	shuan	shun	shuang					
							ru		ruo		rui	ruan	run						
							zu		zuo		zui	zuan	zun						
							cu		cuo		cui	cuan	cun						
							su		suo		sui	suan	sun						
	you	yan	yin	yang	ying	yong	wu	wa	wo	wai	wei	wan	wen	wang	weng	yu	yue	yuan	yun

- 가장 아래의 음절은 단독으로 쓰일 때의 표기입니다.
- 감탄사에 나타나는 특수한 음절(ng, hm, hng 등)은 생략합니다.

Check up! 정답

Check up! 2p

발음기호를 보고 각각 성모, 운모, 성조를 찾으세요.

① bèng   ② dāo   ③ gěi

④ jiàn   ⑤ zhǎo   ⑥ yán

Check up! 4p

녹음을 듣고 알맞은 성조를 표기하세요.

① tiān   ② dà   ③ hǎo
④ gù   ⑤ shéi   ⑥ wàn

Check up! 5p

녹음을 듣고 알맞은 성조를 표기하세요.

① piàoliang   ② wǒmen   ③ yǎnjing
④ péngyou   ⑤ bēizi   ⑥ gàosu

Check up! 13p

녹음을 듣고 알맞은 성조를 바르게 표기하세요.

① kàn   bó   jǔn   gēng   ② zhōu   tuò   huá   yuán
③ féi   tiě   zài   lǎo   ④ diù   cuī   zhuì   shuài
⑤ nǚ   lüè   pīn   cóng   ⑥ miàn   biǎo qióng xiāng

짧고 쉬운 일상 회화만 뽑아 쓰는

만만한 생활 중국어

이보고, 임대근 지음

만만한 생활 중국어 1

초판발행	2017년 3월 1일
1판 5쇄	2023년 4월 20일
저자	이보고, 임대근
편집	최미진, 연윤영, 엄수연, 高霞
펴낸이	엄태상
디자인	진지화
콘텐츠 제작	김선웅, 장형진
마케팅본부	이승욱, 왕성석, 노원준, 조성민, 이선민
경영기획	조성근, 최성훈, 정다운, 김다미, 최수진, 오희연
물류	정종진, 윤덕현, 신승진, 구윤주
펴낸곳	시사중국어사(시사북스)
주소	서울시 종로구 자하문로 300 시사빌딩
주문 및 문의	1588-1582
팩스	0502-989-9592
홈페이지	http://www.sisabooks.com
이메일	book_chinese@sisadream.com
등록일자	1988년 2월 12일
등록번호	제300-2014-89호

ISBN 979-11-5720-082-5 14720
　　　979-11-5720-081-8(set)

* 이 책의 내용을 사전 허가 없이 전재하거나 복제할 경우 법적인 제재를 받게 됨을 알려 드립니다.
* 잘못된 책은 구입하신 서점에서 교환해 드립니다.
* 정가는 표지에 표시되어 있습니다.

머리말

이제 중국어가 만만해집니다!

"중국어는 어렵다"라는 이야기를 종종 듣습니다. "왜 그런가요?"라고 되물으면 대부분 두 가지 대답이 돌아옵니다. "발음 때문에요." 또는 "한자 때문에요."라는 이유입니다. 발음과 한자가 중국어 배우기의 발목을 잡고 있는 셈이지요. 하지만 중국어는 생각보다 쉬운 언어입니다.

— 발음이 어렵다고 느껴지는 까닭은 우리말에서 쓰지 않는 혀의 근육을 움직여야 하므로 생소한 발음을 내야 하기 때문입니다. 하지만 이것은 혀와 입 운동을 자주 하다 보면 익숙해지기 마련입니다. 게다가 현대 중국어에서 소리를 낼 수 있는 발음은 400개 남짓에 불과합니다. 여기에 성조(4개 기본 성조와 9개 성조 결합)를 더하여 잘 익힌다면 중국어로 말하기가 만만해질 것입니다.

— 한자에 대한 부담감은 학습 초기에는 떨쳐내는 것이 좋습니다. 요즘은 한자를 손으로 직접 쓰기보다는 자판 위에서 선택하는 일이 많아졌습니다. 처음부터 한자를 외워야 한다는 부담에서 벗어나 어떤 글자를 어떻게 읽는지 '알아보기' 연습만으로 충분합니다. 어느 경우든 말 배우기는 소리가 먼저이고 글자는 그 다음입니다. 소리에 먼저 익숙해지면, 차츰 글자에도 익숙해지게 됩니다. 지금 할 수 있는 말을 당장 한자로 써야 하는 것은 아닙니다.

「만만한 생활 중국어」는 학습자들이 호소해 왔던 두 가지 어려움을 잘 이겨낼 수 있도록 기획했습니다. 발음 학습 내용을 발음북으로 분리하여 처음부터 발음 연습에 대한 중압감을 갖지 않도록 하는 동시에 언제라도 관련 내용을 확인할 수 있도록 했습니다. 또한 본문 구성에서도 우리에게 익숙한 한어병음방안 연습을 통해 한자 자체보다는 소리에 집중할 수 있도록 했습니다.

중국어는 무엇보다 큰 소리로 읽으면서 공부해야 합니다. 본문의 문장과 함께 제공되는 원어민의 녹음을 따라 여러 번 반복하여 큰 소리로 읽기 연습을 하길 바랍니다. 손으로 글자를 쓰는 일은 조금 뒤로 미뤄도 됩니다. 우선 소리에 익숙해지는 것이 가장 중요합니다. 이에 유의하여 이 책을 공부하다 보면, 생활 회화는 물론, 중국 여행에서 유용하게 써먹을 수 있는 중국어 표현들이 만만하게 느껴질 것입니다. 이제 「만만한 생활 중국어」로 중국어의 기초를 닦아 보세요.

이보고 · 임대근

차례

- 머리말 3
- 차례 4
- 학습 내용 5
- 이 책의 활용 6
- 일러두기 8

01 안녕하세요! 10
你好！ Nǐ hǎo!

02 저는 왕리리예요. 22
我叫王丽丽。 Wǒ jiào Wáng Lìlì.

03 만만한 복습 01~02 34

04 이쪽은 제 친구예요. 40
这是我的朋友。 Zhè shì wǒ de péngyou.

05 지금은 2시 15분이에요. 52
现在两点一刻。 Xiànzài liǎng diǎn yí kè.

06 만만한 복습 04~05 64

복습 복습 I 70

07 무엇을 먹고 싶어요? 76
你想吃什么？ Nǐ xiǎng chī shénme?

08 오늘 날씨는 어때요? 88
今天天气怎么样？ Jīntiān tiānqì zěnmeyàng?

09 만만한 복습 07~08 100

10 커피숍이 어디예요? 106
咖啡店在哪儿？ kāfēidiàn zài nǎr?

11 이 모자는 얼마예요? 118
这顶帽子多少钱？ Zhè dǐng màozi duōshao qián?

12 만만한 복습 10~11 130

복습 복습 II 136

- 정답 143

학습 내용

과	학습 목표	주요 표현
01	**인사하기 / 안부 묻기** 누군가를 만났을 때 나누는 인사말과 다양한 인사 표현을 학습합니다.	• 你好! • 早安! • 你好吗? • 我很好!
02	**자기 소개하기**(이름·국적·신분) 처음 만난 사람에게 이름을 묻고 자신의 이름을 소개하는 표현을 학습합니다.	• 我姓王。 • 我是韩国人。 • 我不工作。 • 我在学校工作。
03	**중간복습** 1~2과의 주요 표현을 복습하며 긴 회화로 학습합니다.	
04	**가족·친구 소개하기 / 나이 묻기** 가족과 친구를 소개하는 표현, 나이를 묻고 답하는 표현을 학습합니다.	• 这是我的朋友。 • 我家有四口人。 • 我没有弟弟。 • 我今年二十(岁)了。
05	**시간·날짜·일정 말하기** 시간과 날짜, 요일을 묻고 답하는 표현을 학습합니다.	• 现在一点十分。 • 今天五月八号。 • 昨天(是)星期四。 • 星期六我去上海。
06	**중간복습** 4~5과의 주요 표현을 복습하며 긴 회화로 학습합니다.	
복습 I	**총복습** 1~6과의 학습 내용을 다양한 문제 형식으로 복습합니다.	
07	**음식·기호 묻기** 음식을 먹고 마시는 상황과 관련된 표현을 학습합니다.	• 你吃饭了吗? • 我们一起去吃饭吧。 • 我想吃北京烤鸭。 • 我不太喜欢喝咖啡。
08	**날씨 관련 묻기** 날씨에 관해 묻고 답하는 다양한 표현을 학습합니다.	• 今天天气怎么样? • 我觉得有点儿热。 • 现在凉快一点儿了。 • 听说明天会下大雪。
09	**중간복습** 7~8과의 주요 표현을 복습하며 긴 회화로 학습합니다.	
10	**길 묻기** 장소를 찾을 때, 길을 모를 때 묻고 답하는 표현을 학습합니다.	• 咖啡店在一楼。 • 地铁站怎么走? • 这附近有药店吗? • 火车站离这儿有点儿远。
11	**물건 사기** 물건을 사고 팔 때 쓰는 여러 가지 표현을 학습합니다.	• 这顶帽子多少钱? • 苹果怎么卖? • 你喜欢红色的还是蓝色的? • 便宜一点儿吧。
12	**중간복습** 10~11과의 주요 표현을 복습하며 긴 회화로 학습합니다.	
복습 II	**총복습** 7~12과의 학습 내용을 다양한 문제 형식으로 복습합니다.	

이 책의 활용

• 본 회화

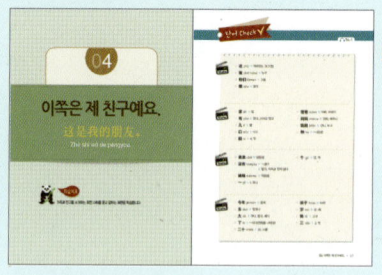

학습 목표 & 단어 Check
본 과의 학습 목표를 제시하고 회화 학습에 앞서 회화에 쓰인 단어의 발음과 뜻을 먼저 확인합니다.

회화 Dialogue
네 가지 상황(scene1~4)에 따라 각 네 개의 회화 문장으로 대화를 구성하였습니다. 한글 해석을 바로 확인할 수 있으며, 표현TIP의 내용으로 학습의 이해를 돕습니다.

표현 Check
주요 표현 문장에 대한 쓰임을 설명하고, 응용하여 사용할 수 있는 단어들을 정리하였습니다.

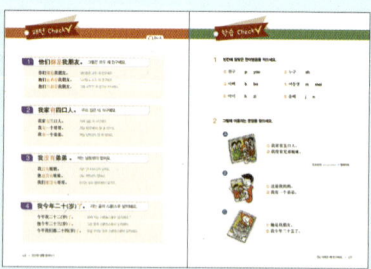

패턴 Check & 학습 Check
고정 문형에 여러 단어를 교체하거나 문장 성분을 더하여 한 문형을 다양하게 응용하여 연습합니다. 마무리 학습으로 한 과의 내용을 문제 형식으로 복습 및 정리합니다.

Chinese epilogue
중국어를 처음 배우는 학습자들에게 유용하고 효율적인 학습 팁을 실었습니다.

06

• 만만한 복습

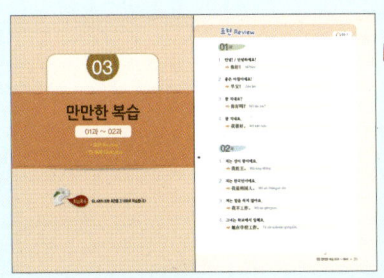

학습 목표 & 표현 Review

두 과를 학습한 후에 진행하는 중간복습입니다. 본 과의 학습 목표를 제시하고 앞에서 배운 과의 주요 표현 문장을 기억합니다.

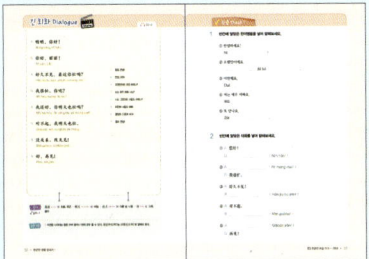

긴회화 Dialogue

한 과에서 배웠던 짧은 회화를 긴 회화로 학습하며 주요 표현들을 병음과 문장을 써보며 복습합니다.

• 복습 Ⅰ, Ⅱ

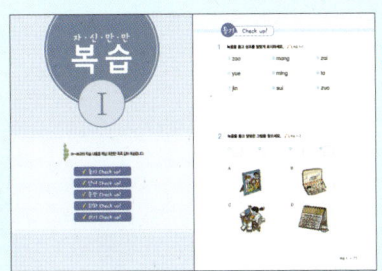

여섯 과를 학습한 후에 진행하는 총복습입니다. 듣기, 단어, 회화, 쓰기 영역으로 나누어 다양한 문제 유형을 통해 앞에서 배운 표현들을 복습합니다.

• 발음북(부록)

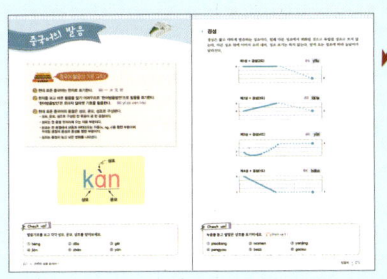

성모, 운모, 성조 등 중국어 발음의 기초 학습을 위한 별책 부록으로 휴대하여 학습할 수 있습니다.

07

일러두기

중국어 소개

1. 명칭

- **한어**(汉语 Hànyǔ) 중국인의 대부분을 차지하는 '한족의 말'이라는 뜻이다.
- **중문**(中文 Zhōngwén) '중국어'라는 뜻으로 지역에 구분 없이 두루 쓴다.
- **보통화**(普通话 Pǔtōnghuà) 중국 정부가 정한 '표준어'를 나타내는 이름이다.
- **국어**(国语 Guóyǔ) '나랏말'이라는 뜻으로 대만에서 중국 본토의 표준어를 가리키는 이름이다.
- **화어**(华语 Huáyǔ) '화인(중국인)의 말'이라는 뜻으로 화교권에서 주로 쓴다.

2. 글자

중국어는 한자(汉字 Hànzì)로 표기하며 번체자가 아닌 간체자를 사용한다. (漢語 → 汉语)

- **번체자**(繁体字 fántǐzì) 한자의 원래 모양을 유지하고 있는 글자. 정체자(正体字)라고도 한다. 한국, 대만, 홍콩 등지에서 주로 쓴다.
- **간체자**(简体字 jiǎntǐzì) 번체자의 획수를 줄여 간략하게 만든 글자. 중국 본토에서 주로 쓴다.

3. 발음

현대 중국어의 발음은 로마자 알파벳을 활용한 한어병음방안(汉语拼音方案 Hànyǔ pīnyīn fāng'àn)으로 표기한다.

* 발음북(부록)을 참고하세요.

4. 기본 어순

중국어의 기본 어순은 우리말과 달리 「주어 + 부사어 + 술어 + 목적어/보어」이다. 여기에 다른 문장 성분이 더해져서 여러 형태의 문장이 만들어진다.

> **주어 + 부사어 + 술어 + 목적어/보어**
>
> 我 / 在学校 / 学 / 汉语。 나는/학교에서/배운다/중국어를
> Wǒ zài xuéxiào xué Hànyǔ.
>
> → 我在学校学汉语。 나는 학교에서 중국어를 배운다.
> Wǒ zài xuéxiào xué Hànyǔ.

 품사 & 문장부호

명	명사	이름, 개념 등을 나타낸다.	접	접속사	단어, 구, 절을 연결한다.
대	대명사	인칭·지시·의문 대명사 등을 가리킨다.	전	전치사 (개사)	명사와 대명사 앞에 쓰여 시간, 장소, 대상 등을 나타낸다.
동	동사	동작이나 상태를 설명한다.	조	조사	시제, 상태, 어감을 표현한다.
형	형용사	성질, 모습, 상태를 설명한다.	감	감탄사	감정을 나타내는 말을 가리킨다.
조동	조동사	동사 앞에서 의미를 더해준다.	수	수사	숫자 표현을 가리킨다.
부	부사	동사와 형용사 앞에서 정도, 시간, 상태 등을 나타낸다.	양	양사	사람이나 사물 등의 수를 세는 단위를 가리킨다.
。	句号 jùhào	마침표	，	逗号 dòuhào	쉼표
？	问号 wènhào	물음표	、	顿号 dùnhào	모점 (단어를 나열할 때)
！	感叹号 gǎntànhào	느낌표	：	冒号 màohào	쌍점 (내용 열거, 설명을 덧붙일 때)
……	省略号 shěnglüèhào	말줄임표	；	分号 fēnhào	반쌍점 (문장을 나열할 때)

• 인물 소개

왕리리
王丽丽 Wáng Lìlì
20세. 중국인. 대학생

리밍밍
李明明 Lǐ Míngmíng
20세. 중국인. 대학생

김수현
金秀贤 Jīn Xiùxián
22세. 한국인. 대학생

쌍둥이 자매
20세. 중국인. 대학생
밍밍의 친구

리리의 룸메이트
21세. 한국인. 대학생

01

안녕하세요!

你好!
Nǐ hǎo!

 **학습목표**

누군가를 만났을 때 나누는 인사말과 다양한 인사 표현을 학습합니다.

단어 Check ✓

🎧 01-1

- 你 nǐ 대 너, 당신(2인칭)
- 好 hǎo 형 좋다, 잘 지내다
- 明明 Míngmíng 명 밍밍(이름)
- 早安 zǎo'ān 동 좋은 아침이에요!, 잘 잤어요?
- 丽丽 Lìlì 명 리리(이름)

- 好 hǎo 부 꽤, 매우, 아주
- 久 jiǔ 부 오래
- 不 bù 부 ~이 아니다, ~하지 않다
- 见 jiàn 동 보다, 만나다
- 吗 ma 조 ~입니까?, ~합니까?
- 我 wǒ 대 나, 저(1인칭)
- 很 hěn 부 매우
- 呢 ne 조 ~은(는)?
- 也 yě 부 ~도

- 忙 máng 형 바쁘다
- 还 hái 부 그런대로
- 再 zài 부 다시

- 对不起 duìbuqǐ 동 미안하다
- 没事 méishì 괜찮다, 상관 없다, 별일 없다
   (= 没关系 méi guānxi)
- 谢谢 xièxie 동 감사하다
- 别 bié 부 ~하지 마라
- 客气 kèqi 형 겸손하다, 사양하다
- 没 méi 부 ~않다, ~이 없다
- 什么 shénme 대 무엇, 무슨

회화 Dialogue

🎧 01-2

 아침 운동에 나온 밍밍과 리리가 서로 인사를 나눈다.

A 你好!①
Nǐ hǎo!

B 你好!
Nǐ hǎo!

A 明明，早安!②
Míngmíng, zǎo'ān!

B 早安，丽丽!
Zǎo'ān, Lìlì!

| A | 안녕! |
| B | 안녕! |

| A | 밍밍, 좋은 아침! |
| B | 좋은 아침이야, 리리! |

① 你好!는 알고 있는 사람이나 모르는 사람 모두에게 쓸 수 있는 인사말이다. 여기서 你는 2성으로 발음하는데, 3성 뒤에 3성이 연이어 올 경우, 앞의 3성은 2성으로 발음한다.

② 早安!은 간단히 줄여서 早! Zǎo! 라고도 한다. 잠자리에 들 때의 인사말은 晚安! Wǎn'ān! '안녕히 주무세요.'라고 한다.

 오랜만에 만난 밍밍과 리리가 식당에서 아침 식사를 하며 서로의 안부를 묻는다.

A 丽丽，好久不见!①
Lìlì, hǎo jiǔ bú jiàn!

B 明明，你好吗?②
Míngmíng, nǐ hǎo ma?

A 我很好③，你呢?④
Wǒ hěn hǎo, nǐ ne?

B 我也很好。
Wǒ yě hěn hǎo.

A 리리, 오랜만이야!
B 밍밍, 잘 지냈니?
A 잘 지냈어. 너는?
B 나도 잘 지냈어.

표현 TIP

① 好는 '좋다', '잘 지내다'라는 뜻 외에 시간이 길거나 수량이 많음을 강조하는 '꽤', '매우', '아주'라는 뜻도 있다. 여기서는 好 뒤에 3성(久 jiǔ)이 오므로 好를 2성(hǎo)으로 읽는다. 不는 원래 성조가 4성(bù)이지만 뒤에 오는 음절이 4성이면 2성(bú)으로 발음한다.

② 평서문 뒤에 吗?를 붙이면 의문문이 된다.

③ 3성이 세 개 이상 연달아 올 때는 의미 단위로 끊어서 성조를 변화시킨다. 여기서 我는 반3성, 很은 2성으로 읽는다.

④ 你呢?의 呢는 의문을 나타내는 말로 우리말의 '~은(는)요?'에 해당한다.

회화 Dialogue

🎧 01-4

 밍밍과 리리가 다음에 만나기를 약속하며 헤어진다.

A 明明，你忙吗?
　Míngmíng, nǐ máng ma?

B 我不①忙，你呢?
　Wǒ bù máng, nǐ ne?

A 我也还②好，再见!③
　Wǒ yě hái hǎo, zài jiàn!

B 再见!
　Zài jiàn!

A 밍밍, 바쁘니?
B 안 바빠. 너는?
A 나도 그럭저럭 괜찮아. 또 보자!
B 안녕!

표현 TIP

① 不는 주로 동사나 형용사, 또는 부사 앞에 쓰여 부정의 의미를 나타낸다.

② 还는 '아직', '역시', '여전히', '그래도', '그런대로' 등의 다양한 뜻을 갖는 부사이다.

③ 再见!은 헤어질 때 쓰는 인사말로 见 앞에 시간이나 장소 표현을 써서 다양하게 사용한다.
　明天见! Míngtiān jiàn! '내일 보자!', 下次见! Xiàcì jiàn! '다음에 만나!'

🎧 01-5

 자전거를 타고 가던 수현이 리리와 부딪혀 미안해하며 사과한다.

A 对不起①, 你没事吗?
Duìbuqǐ, nǐ méishì ma?

B 没事②。
Méishì.

(수현이 리리를 도와 넘어진 자전거를 일으켜 세운다.)

B 谢谢③你!
Xièxie nǐ!

A 别客气④, 没什么。
Bié kèqi, méi shénme.

A 미안해요. 괜찮아요?
B 괜찮아요.

B 고마워요!
A 사양하지 마요. 별 거 아니에요.

 TIP

① 对不起의 不는 원래 성조(4성 bù)로 읽지 않고 약하게(경성 bu) 발음한다.

② 没事의 没는 没有 méiyǒu '없다'의 준말이다. 对不起의 대답으로 没关系 méi guānxi 라고도 말한다.

③ 같은 글자가 두 번 반복되면 뒤에 오는 글자는 가볍게 경성으로 읽는다. 谢谢의 앞 글자는 4성으로 강하게 읽고 뒷 글자는 약하게 발음한다.

④ 别客气는 不客气 bú kèqi 로 말할 수 있다.

표현 Check ✓

1　你好!　안녕! / 안녕하세요!

언제 어디서나 누구를 만나더라도 쓸 수 있는 인사말이다. 好 앞에 오는 대상을 바꿔서 다양하게 말할 수 있다.

A 明明，你好!　밍밍, 안녕!
　 Míngmíng, nǐ hǎo!

B 老师好!　선생님, 안녕하세요!
　 Lǎoshī hǎo!

老师 lǎoshī 명 선생님

2　早安!　좋은 아침이에요!

아침에 하는 인사말로 '굿모닝!', '좋은 아침!'이라는 뜻이다. 早上好! Zǎoshang hǎo! 또는 간단히 早! Zǎo!라고도 한다.

A 早安!　좋은 아침!
　 Zǎo'ān!

B 早，丽丽!　좋은 아침, 리리!
　 Zǎo, Lìlì!

早上 zǎoshang 명 아침

3　你好吗?　잘 지내요?

이미 알고 있는 사이에 묻는 인사말로 '잘 지내요?', '안녕하셨어요?'라는 의미이다. 吗는 의문을 나타내므로 대답이 이어져야 한다.

A 好久不见! 你好吗?　오랜만이에요! 잘 지내요?
　 Hǎo jiǔ bú jiàn! Nǐ hǎo ma?

B 我很好。　잘 지내요.
　 Wǒ hěn hǎo.

4 我很好。 잘 지내요.

很은 '매우'라는 뜻으로 정도를 나타내지만 보통 습관적으로 많이 쓴다. 很을 빼면 '나는 잘 지내는데…'처럼 말이 끝나지 않은 어감이 된다.

A 你好吗? 잘 지내요?
Nǐ hǎo ma?

B 我很好，你呢? 잘 지내요. 당신은요?
Wǒ hěn hǎo, nǐ ne?

단어 TIP 인칭대명사

단어	병음	뜻
我	wǒ	나, 저
你 *您 nín (존칭)	nǐ	너, 당신
他	tā	그
她	tā	그녀
它	tā	그것

단어	병음	뜻
我们	wǒmen	우리, 저희
你们	nǐmen	너희, 당신들
他们	tāmen	그들
她们	tāmen	그녀들
它们	tāmen	그것들

🎧 01-6

1 你好!   안녕! / 안녕하세요!

你们好!   여러분, 안녕하세요!
老师好!   선생님, 안녕하세요!
大家好!   모두 안녕하세요!

大家 dàjiā 때 모두, 다들

2 我很好。   나는 잘 지내요.

他很好。   그는 잘 지내요.
她很好。   그녀는 잘 지내요.
我们很好。   우리는 잘 지내요.

3 你忙吗?   당신은 바빠요?

您忙吗?   당신은 바쁘세요?
你们忙吗?   당신들은 바빠요?
他们忙吗?   그들은 바빠요?

4 我不忙。   나는 바쁘지 않아요.

我们不忙。   우리는 바쁘지 않아요.
他们不忙。   그들은 바쁘지 않아요.
她们不忙。   그녀들은 바쁘지 않아요.

학습 Check ✓

1 빈칸에 공통으로 들어갈 한어병음을 고르세요.

A 你好!　　Nǐ h___o!
　　早安!　　Z___o'ān!

① ā　　② á　　③ ǎ　　④ à

B 你好吗?　　Nǐ_____ma?
　　我很好。　　Wǒ hěn_____.

① hāo　　② háo　　③ hǎo　　④ hào

C 再见!　　Zài_____.
　　好久不见!　　Hǎo jiǔ bú_____!

① jiàn　　② qiàn　　③ xiàn　　④ diàn

2 그림과 어울리는 한어병음 문장을 찾으세요.

A

① Xièxie!
② Nǐ hǎo!
③ Méi guānxi!

B

① Duìbuqǐ.
② Nǐ hǎo ma?
③ Wǒ hěn máng.

C

① Wǒ hěn hǎo.
② Hǎo jiǔ bú jiàn!
③ Míngtiān jiàn!

학습 Check ✓

3 제시된 단어를 빈칸에 알맞게 넣으세요.

> 不 / 客气 / 见 / 很

① 再_____!

② 我_____好。

③ 好久_____见!

④ 别_____。

4 제시된 글자를 알맞게 배열하여 문장을 완성하세요.

① 谢 / 您 / 谢

_____

② 不 / 忙 / 我

_____

③ 好 / 早 / 上

_____

④ 没 / 系 / 关

_____

CHINESE epilogue #01

> **메아리치는 중국말**
>
> *"중국 사람들은
> 같은 말을 반복해서 말하는 습관이 있어요!"*

중국 사람들은 대화할 때 특이한 습관이 하나 있다. 어떤 표현을 반복해서 여러 번 말하는 것이다. 幸会 xìnghuì (만나서 반갑습니다)와 같은 인사 표현이 대표적이다. "幸会! 幸会!", "你好! 你好!", "谢谢! 谢谢!" 또는 "再见! 再见!"처럼 두 번씩 반복해서 말하는 경우가 많다. 이렇게 반복해서 말하기는 상투적인 인사말에서 자주 나타난다. 꼭 두 번이 아니라 서너 번씩 반복하는 경우도 있고, 또 반드시 짧은 표현만 반복하는 것도 아니다. "好久不见! 好久不见!"처럼 다소 긴 표현도 반복할 수 있다. 때로는 상투적인 표현이 아니어도 앞에 한 말을 다시 반복하는 경우를 자주 볼 수 있다. 이것은 중국어가 4글자, 6글자, 8글자와 같은 리듬을 선호하기 때문이며 글자 수를 맞추어 리듬을 타기 위함이다. 인사말은 대부분 짧기 때문에 반복해서 말하면 리듬을 맞출 수 있고, 이런 습관이 굳어지면서 일반적인 표현도 반복적으로 말하는 습관이 확대됐다. 중국 사람과 인사를 나눌 때 딱 한 번만 말하지 말고 같은 표현을 조금 과장해서 여러 번 반복해보자. 훨씬 더 중국어다운 느낌을 가질 수 있다.

베이징 천안문 (北京 天安门)

02

저는 왕리리예요.

我叫王丽丽。

Wǒ jiào Wáng Lìlì.

 **학습목표**
처음 만난 사람에게 이름을 묻고 자신의 이름을 소개하는 표현을 학습합니다.

- 您 nín 대 당신(2인칭 존칭)
- 贵 guì 형 귀하다, 비싸다
- 姓 xìng 동 성을 ~라고 하다
- 王 Wáng 명 왕(성씨)
- 金 Jīn 명 김(성씨)
- 名字 míngzi 명 이름
- 叫 jiào 동 불리다
- 秀贤 Xiùxián 명 수현(이름)

- 是 shì 동 ~이다, 맞다, 그렇다
- 中国 Zhōngguó 명 중국
- 韩国 Hánguó 명 한국
- 哪 nǎ 대 어디, 어느
- 国 guó 명 나라
- 人 rén 명 사람

- 工作 gōngzuò 명 일, 직업 동 일하다
- 的 de 조 ~의
- 朋友 péngyou 명 친구

- 做 zuò 동 ~을(를) 하다, 만들다
- 大学生 dàxuéshēng 명 대학생
- 他 tā 대 그, 그 사람
- 在 zài 전 ~에서
- 学校 xuéxiào 명 학교

회화 Dialogue

🎧 02-2

수현과 리리는 서로의 이름을 물으며 카페에서 잠깐 이야기를 나누기로 한다.

A 您贵姓?①
   Nín guì xìng?

B 我姓王。您呢?
   Wǒ xìng Wáng. Nín ne?

A 我姓金，名字②叫秀贤。
   Wǒ xìng Jīn, míngzi jiào Xiùxián.

B 我叫王丽丽。
   Wǒ jiào Wáng Lìlì.

A 성이 뭐예요?
B 저는 성이 왕이에요. 당신은요?
A 저는 성이 김이고, 이름은 수현이에요.
B 저는 왕리리라고 해요.

표현 TIP

① 贵는 상대를 높이는 말로 자신에게는 붙이지 않는다. 姓은 우리말의 '성(성씨)'이라는 뜻도 있지만 주로 '성은 ~이다'라는 동사로 쓰인다. 중국 사람들은 처음 만났을 때 상대방의 성만 확인하는 경우가 많으며, 이름까지 묻는 표현은 你叫什么名字? Nǐ jiào shénme míngzi? '이름이 무엇입니까?'라고 한다.

② 중국어는 성과 이름을 명확히 구분한다. 名字라는 표현이 있으면 성을 제외한 이름 부분만을 주로 말한다.

🎧 02-3

 리리는 수현과 카페에서 만난 수현의 친구와 인사를 하고 함께 대화를 나눈다.

A 你是中国人吗?①
Nǐ shì Zhōngguó rén ma?

B 不是②, 我是韩国人。
Bú shì, wǒ shì Hánguó rén.

A 他是哪国人?
Tā shì nǎ guó rén?

B 他也是韩国人。
Tā yě shì Hánguó rén.

A 중국인이에요?
B 아니에요. 저는 한국인이에요.
A 그는 어느 나라 사람이에요?
B 그도 한국인이에요.

① 「……吗?」의문 형태 대신 동사의 부정형을 넣어 你是不是中国人? '당신은 한국인 아니에요?'라고 물을 수 있다.

② 是는 문장에서 '~이다'라는 동사의 쓰임 외에 대답할 때 '맞다', '그렇다'라는 뜻으로도 쓰인다. 是의 부정형인 '아니다', '그렇지 않다'의 不是는 발음할 때 是를 습관적으로 약하게 발음하기도 한다.

회화 Dialogue

 리리가 수현과 수현의 친구에게 궁금한 점을 물으며 대화를 나눈다.

A 你工作吗?
Nǐ gōngzuò ma?

B 我不工作。
Wǒ bù gōngzuò.

A 你的①朋友工作吗?
Nǐ de péngyou gōngzuò ma?

B 我朋友工作。
Wǒ péngyou gōngzuò.

A 일을 하나요?
B 저는 일을 하지 않아요.
A 당신의 친구는 일을 하나요?
B 내 친구는 일을 해요.

표현 TIP

① 가족이나 친구 등 밀접한 관계나 소속을 나타낼 때 的는 생략할 수 있다.

 이야기를 나누고 있을 때 마침 수현의 친구 여자친구가 들어와 인사한다.

A 你做什么工作?
Nǐ zuò shénme gōngzuò?

B 我是大学生。
Wǒ shì dàxuéshēng.

A 他做什么工作?
Tā zuò shénme gōngzuò?

B 他在学校工作。①
Tā zài xuéxiào gōngzuò.

A 어떤 일을 하나요?
B 저는 대학생이에요.
A 그는 어떤 일을 하나요?
B 그는 학교에서 일해요.

표현 TIP

① 「在 + 장소 + 동작/행위(동사술어)」 문형은 '~에서 ~하다'라는 표현이다.

표현 Check ✓

1 我姓王。 저는 성이 왕이에요.

자신의 성을 말할 때 쓰는 표현이다. 이름을 물을 때 일반적으로 성을 먼저 묻는다.

A 您贵姓? 성이 뭐예요?
Nín guì xìng?

B 我姓张。 저는 성이 장이에요.
Wǒ xìng Zhāng.

张 Zhāng 명 장(성씨)

2 我是韩国人。 저는 한국인이에요.

국적을 말할 때에는 「주어+是+나라 이름+人」으로 말한다. 신분이나 직업을 말할 때에도 「주어+是+신분/직업」으로 말한다. 부정은 不是를 사용하여 나타낸다.

A 他是韩国人吗? 그는 한국인이에요?
Tā shì Hánguó rén ma?

B 他是中国人，不是韩国人。 그는 중국인이에요. 한국인이 아니에요.
Tā shì Zhōngguó rén, bú shì Hánguó rén. (그는 한국인이 아니라 중국인이에요.)

3 我不工作。 저는 일을 하지 않아요.

동사술어 앞에 不를 붙이면 동작이나 행위를 하지 않는다는 부정 표현이 된다.

A 丽丽，你工作吗? 리리, 일을 하나요?
Lìli, nǐ gōngzuò ma?

B 我不工作。 저는 일을 하지 않아요.
Wǒ bù gōngzuò.

4 他在学校工作。 그는 학교에서 일해요.

在는 '~에서'라는 전치사로 동작이나 행위가 발생하는 장소를 나타낸다.

A 她在哪儿工作? 그녀는 어디에서 일해요?
Tā zài nǎr gōngzuò?

B 她在银行工作。 그녀는 은행에서 일해요.
Tā zài yínháng gōngzuò.

哪儿 nǎr 대 어디 | 银行 yínháng 명 은행

단어 TIP 나라 이름

단어	병음	뜻
韩国	Hánguó	한국
中国	Zhōngguó	중국
日本	Rìběn	일본
泰国	Tàiguó	태국
越南	Yuènán	베트남
新加坡	Xīnjiāpō	싱가포르
加拿大	Jiānádà	캐나다

단어	병음	뜻
美国	Měiguó	미국
英国	Yīngguó	영국
法国	Fǎguó	프랑스
德国	Déguó	독일
西班牙	Xībānyá	스페인
意大利	Yìdàlì	이탈리아
俄罗斯	Éluósī	러시아

패턴 Check ✓

🎧 02-6

1 我姓王。 저는 성이 왕이에요.

我姓金。 저는 성이 김이에요.
我姓李，叫李明明。 제 성은 리이고 리밍밍이라고 해요.
我姓王，名字叫丽丽。 제 성은 왕이고 이름은 리리라고 해요.

2 我是韩国人。 저는 한국인이에요.

他是中国人。 그는 중국인이에요.
我不是美国人。 저는 미국인이 아니에요.
她也不是英国人。 그녀도 영국인이 아니에요.

3 我不工作。 저는 일을 하지 않아요.

她不工作。 그녀는 일을 하지 않아요.
他们不工作。 그들은 일을 하지 않아요.
我朋友也不工作。 내 친구도 일을 하지 않아요.

4 他在学校工作。 그는 학교에서 일해요.

我在银行工作。 저는 은행에서 일해요.
她也在学校工作。 그녀도 학교에서 일해요.
他不在银行工作。 그는 은행에서 일하지 않아요.

학습 Check ✓

1 빈칸에 공통으로 들어갈 한어병음을 고르세요.

A 您贵姓？　Nín guì _____?
　　我姓李。　Wǒ _____ Lǐ.

　① shěng　　② sòng　　③ xīng　　④ xìng

B 你是韩国人吗？　Nǐ shì Hán _____ rén ma?
　　她是哪国人？　　Tā shì nǎ _____ rén?

　① guō　　② guó　　③ zuó　　④ zuò

C 你叫什么名字？　Nǐ jiào _____ míngzi?
　　你做什么工作？　Nǐ zuò _____ gōngzuò?

　① shénme　　② shìma　　③ shùmù　　④ zhěnme

2 그림과 어울리는 문장을 찾으세요.

A
① 您好，我叫丽丽。
② 他不是大学生。

B
① 她是美国人。
② 她是韩国人。

C
① 他不工作。
② 他在公司工作。

公司 gōngsī 명 회사

학습 Check ✓

3 제시된 단어를 빈칸에 알맞게 넣으세요.

> 在 / 叫 / 哪 / 贵 / 姓 / 不是

① 您_____姓？

② 他_____什么名字？

③ 我_____金，名字叫丽丽。

④ 他是_____国人？

⑤ 他_____中国人。

⑥ 她_____银行工作。

4 제시된 단어를 알맞게 배열하여 문장을 완성하세요.

① 我 / 王 / 姓
_____

② 叫 / 我的 / 丽丽 / 名字
_____

③ 在 / 她 / 工作 / 学校
_____

CHINESE epilogue #02

혀를 말아서 발음하라고?
"권설음은 중요하지 않아요!"

중국어 발음 중에 한국 사람에게 다소 생소한 발음이 하나 있다. 바로 권설음이다. 권설음이란 혀(舌)를 말아서(卷) 내는 소리다. 한국어에는 이와 비슷한 발음이 없으므로 당연히 생소하게 느껴지고, 생소하다 보니 어렵게 느껴질 수 밖에 없다. 권설음에는 성모 zh, ch, sh, r와 운모 er이 있다. 처음 중국어를 배우는 사람들은 권설음을 제대로 내기 위해서 많은 노력을 기울인다. 그러나 사실 권설음은 중국어 발음의 핵심이 아니다. 권설음은 중국 북부(베이징) 지역을 중심으로 발달해 있다. 남부 지역 사람들은 권설음을 약하게 하거나 거의 발음하지 않는다. 특히 대만 사람들이 말을 할 때는 권설음을 듣기 어렵다. 그렇다 해도 의사소통은 전혀 지장이 없다. 이는 권설음이 중국 사람들의 일상 대화에서 의사소통에 영향을 주는 요소가 아니라, 지역적 스타일이라는 점을 잘 보여준다. 중국어를 처음 배우면서 생소한 발음이 있다는 점을 알고, 연습을 게을리 하지 않는 것은 좋은 일이다. 그러나 권설음 발음에 집착하여 다른 여러 가지 중요한 요소들을 놓치는 일은 없어야 하겠다.

베이징 고궁(北京 故宮)

03

만만한 복습

01과 ~ 02과

- 표현 Review
- 긴 회화 Dialogue

학습목표 1과, 2과의 회화 표현을 긴 회화로 학습합니다.

표현 Review

01과

1. 안녕! / 안녕하세요!
   ➡ 你好！ Nǐ hǎo!

2. 좋은 아침이에요!
   ➡ 早安！ Zǎo'ān!

3. 잘 지내요?
   ➡ 你好吗？ Nǐ hǎo ma?

4. 잘 지내요.
   ➡ 我很好。 Wǒ hěn hǎo.

02과

1. 저는 성이 왕이에요.
   ➡ 我姓王。 Wǒ xìng Wáng.

2. 저는 한국인이에요.
   ➡ 我是韩国人。 Wǒ shì Hánguó rén.

3. 저는 일을 하지 않아요.
   ➡ 我不工作。 Wǒ bù gōngzuò.

4. 그는 학교에서 일해요.
   ➡ 他在学校工作。 Tā zài xuéxiào gōngzuò.

긴 회화 Dialogue

🎧 03-2

A 明明，你好！
　Míngmíng, nǐ hǎo!

B 你好，丽丽！
　Nǐ hǎo, Lìlì!

A 好久不见，最近你忙吗？①
　Hǎo jiǔ bú jiàn, zuìjìn nǐ máng ma?

B 我很忙。你呢？
　Wǒ hěn máng. Nǐ ne?

A 我还好。你明天也忙吗？
　Wǒ hái hǎo. Nǐ míngtiān yě máng ma?

B 对不起，我明天也忙。
　Duìbuqǐ, wǒ míngtiān yě máng.

A 没关系。改天见！
　Méi guānxi. Gǎitiān jiàn!

B 好，再见！
　Hǎo, zài jiàn!

A 밍밍, 안녕!
B 안녕, 리리!
A 오랜만이야. 요즘 바쁘니?
B 나는 매우 바빠. 너는?
A 나는 그런대로. 내일도 바쁘니?
B 미안해. 내일도 바빠.
A 괜찮아. 다음에 보자!
B 좋아. 안녕!

단어 🎧 03-3
最近 zuìjìn 명 요즘, 최근 | 明天 míngtiān 명 내일 | 改天 gǎitiān 명 다른 날, 나중 | 好 hǎo 형 그래, 좋아

표현 TIP ① 시간을 나타내는 말은 주어 앞이나 뒤에 모두 올 수 있다. 最近你忙吗?는 你最近忙吗?로 말해도 된다.

36 • 만만한 생활 중국어 1

✓ 학습 Check 1

1 빈칸에 알맞은 한어병음을 넣어 말해보세요.

① 안녕하세요!
Nǐ_____!

② 오랜만이에요.
_____jiǔ bú_____.

③ 미안해요.
Duì_____.

④ 저는 매우 바빠요.
Wǒ_____.

⑤ 또 만나요.
Zài_____.

2 빈칸에 알맞은 대화를 넣어 말해보세요.

① A 您好！
　 B _____（Nín hǎo!）

② A _____（Nǐ máng ma?）
　 B 我很忙。

③ A 好久不见！
　 B _____（Hǎo jiǔ bú jiàn!）

④ A 对不起。
　 B _____（Méi guānxi!）

⑤ A _____（Gǎitiān jiàn!）
　 B 再见！

긴 회화 Dialogue

A 您好！您贵姓？
　Nín hǎo! Nín guì xìng?

B 我姓朴。您呢？
　Wǒ xìng Piáo. Nín ne?

A 免贵姓李①，叫明明。
　Miǎn guì xìng Lǐ, jiào Míngmíng.

B 我叫朴智恩，幸会！
　Wǒ jiào Piáo Zhì'ēn, xìnghuì!

A 您是中国人吗？
　Nín shì Zhōngguó rén ma?

B 我是韩国人，不是中国人。②
　Wǒ shì Hánguó rén, bú shì Zhōngguó rén.

A 您的汉语很好。您做什么工作？
　Nín de Hànyǔ hěn hǎo. Nín zuò shénme gōngzuò?

B 我是贸易公司的职员。
　Wǒ shì màoyì gōngsī de zhíyuán.

A 안녕하세요! 성이 어떻게 되세요?
B 제 성은 박이에요. 당신은요?
A 저는 리예요. 밍밍이라고 해요.
B 저는 박지은입니다. 만나서 반가워요!
A 중국인이세요?
B 저는 중국인이 아니라 한국인이에요.
A 중국어를 아주 잘하네요. 무슨 일을 하세요?
B 저는 무역회사 직원이에요.

단어
免 miǎn 동 취소하다, 피하다 ｜ 朴智恩 Piáo Zhì'ēn 명 박지은(이름) ｜ 幸会 xìnghuì 동 만나서 반갑다 ｜ 汉语 Hànyǔ 명 중국어 ｜ 贸易 màoyì 명 무역 ｜ 职员 zhíyuán 명 직원

표현 TIP
① 자신의 성 앞에는 贵를 쓰지 않는 대신 스스로를 낮추는 말로 '귀하지 않은'이라는 의미의 免贵 miǎnguì 를 쓰기도 한다.
② 「是A, 不是B」는 'B가 아니라 A이다'라는 표현이다.

✓학습 Check 2

1 빈칸에 알맞은 한어병음을 넣어 말해보세요.

① 성이 어떻게 되세요?
Nín_____?

② 만나서 반갑습니다.
_____!

③ 당신은요?
Nǐ_____?

④ 저는 한국인입니다.
Wǒ_____Hánguó_____.

⑤ 저는 중국인이 아닙니다.
Wǒ_____Zhōngguó rén.

2 빈칸에 알맞은 대화를 넣어 말해보세요.

① A 您贵姓?
B _____ (Wǒ xìng Piáo.)

② A 幸会!
B _____ (Xìnghuì!)

③ A 您是韩国人吗?
B _____ (Wǒ bú shì Hángguó rén.)

④ A _____ (Nǐ shì Zhōngguó rén ma?)
B 我是中国人。

⑤ A _____ (Nǐ zuò shénme gōngzuò?)
B 我不工作，我是学生。

学生 xuésheng 명 학생

04

이쪽은 제 친구예요.

这是我的朋友。

Zhè shì wǒ de péngyou.

 학습목표

가족과 친구를 소개하는 표현, 나이를 묻고 답하는 표현을 학습합니다.

- 这 zhè 대 이(이것), 그(그것)
- 谁 shéi/shuí 대 누구
- 他们 tāmen 대 그들
- 都 dōu 부 모두

- 家 jiā 명 집
- 有 yǒu 동 있다, 가지고 있다
- 几 jǐ 대 몇
- 口 kǒu 양 식구
- 四 sì 수 4, 넷
- 爸爸 bàba 명 아빠, 아버지
- 妈妈 māma 명 엄마, 어머니
- 姐姐 jiějie 명 언니, 누나
- 和 hé 접 ~과(와)

- 弟弟 dìdi 명 남동생
- 没有 méiyǒu 부 ~않다
  동 없다, 가지고 있지 않다
- 妹妹 mèimei 명 여동생
- 一 yī 수 1, 하나
- 个 gè 양 명, 개

- 今年 jīnnián 명 올해
- 多 duō 부 얼마나
- 大 dà 형 크다, 많다, 세다
- 了 le 조 ~되다(변화를 나타냄)
- 二十 èrshí 수 20, 스물
- 孩子 háizi 명 아이
- 岁 suì 명 살, 세
- 她 tā 대 그녀
- 三 sān 수 3, 셋

회화 Dialogue

🎧 04-2

 밍밍의 여행 사진을 보며 리리와 밍밍이 대화를 나눈다.

A 这①是谁?
   Zhè shì shéi?

B 这是我的朋友。
   Zhè shì wǒ de péngyou.

A 他们都是你朋友吗?
   Tāmen dōu shì nǐ péngyou ma?

B 他们不都②是我朋友。
   Tāmen bù dōu shì wǒ péngyou.

A 이 사람은 누구니?
B 이쪽은 내 친구야.
A 그들은 모두 너의 친구니?
B 그들 모두가 내 친구는 아니야.

표현 TIP

① '저(저것)', '그(그것)'는 那 nà 로 표현한다. 那是谁? Nà shì shéi? '저 사람은 누구예요?'

② 不都는 부분 부정을 나타내고, 都不는 전체 부정을 나타낸다. 他们都不忙。'그들 모두 바쁘지 않다' / 他们不都忙。'그들 모두가 바쁜 것은 아니다'

쌍둥이 자매의 집에 초대를 받은 밍밍은 가족의 소개를 받는다.

A 你家有几口人?
   Nǐ jiā yǒu jǐ kǒu rén?

B 我家有四口人①。
   Wǒ jiā yǒu sì kǒu rén.

A 都有什么人?
   Dōu yǒu shénme rén?

B 爸爸、妈妈、姐姐②和我。
   Bàba、māma、jiějie hé wǒ.

A 가족이 몇 명이니?
B 우리 집은 네 식구야.
A 모두 누가 있니?
B 아빠, 엄마, 언니, 그리고 나야.

표현 TIP

① 四口人의 口는 식구를 세는 단위이다. 이러한 단어를 양사라고 하며, 사람이나 사물의 수를 셀 때 쓴다. 우리말 '친구 한 명'에서 '명'이 해당한다.

② 姐姐는 우리말의 '언니', '누나' 모두를 해당한다.

회화 Dialogue

🎧 04-4

 택시 기사는 탑승 손님(쌍둥이 자매의 언니)에게 계속 수다스럽게 말을 건다.

A 你有弟弟吗?
Nǐ yǒu dìdi ma?

B 我没有①弟弟。
Wǒ méiyǒu dìdi.

A 你有没有妹妹?
Nǐ yǒu méiyǒu mèimei?

B 我有一②个③妹妹。
Wǒ yǒu yí ge mèimei.

A 남동생 있어요?
B 저는 남동생이 없어요.
A 여동생은 있어요?
B 여동생이 한 명 있어요.

① 没有는 有의 부정형으로 「有没有……?」의 형태로 의문문을 만들 수 있다.

② 一의 원래 성조는 1성(yī)이지만 뒤에 오는 음절에 따라 성조가 변화한다. 一 뒤에 1성, 2성, 3성이 오면 4성(yì)으로 읽고, 뒤에 4성이 오면 2성(yí)으로 읽는다. 여기서 一는 2성으로 발음한다.

③ 个는 사람이나 사물을 세는 가장 일반적인 양사로 원래 성조는 4성이지만 대부분의 경우 경성으로 발음한다.

리리가 아르바이트로 일하는 아이스크림 가게에서 손님들과 대화를 나눈다.

A 你今年多大了?①
Nǐ jīnnián duō dà le?

B 我今年二十②了。
Wǒ jīnnián èrshí le.

A 这孩子几岁了?③
Zhè háizi jǐ suì le?

B 她三岁了。
Tā sān suì le.

A 올해 나이가 몇이에요?
B 올해 스물이에요.
A 이 아이는 몇 살이에요?
B 얘는 세 살이에요.

표현 TIP

① 나이가 어리거나 비슷한 또래의 나이를 묻는 표현이다. 나이가 많은 사람에게는 您多大年纪了? Nín duō dà niánjì le? '연세가 어떻게 되세요?'라고 묻는다. 여기서 了는 문장 끝에 쓰여 변화의 어기(어감)를 나타내는 조사이다.

② 두 자리 이상의 수를 말할 때는 우리말 숫자를 읽는 방식대로 읽는다. 十一 shíyī 11, 十二 shí'èr 12 ······ 九十九 jiǔshíjiǔ 99, 一百 yìbǎi 100

③ 10살 이하의 어린 아이의 나이를 물을 때는 你几岁了?라고 묻는다.

표현 Check ✓

1 这是我的朋友。 이쪽은 제 친구예요.

这는 가까이 있는 사물이나 사람을 가리킬 때 쓴다. 비교적 멀리 있는 사물이나 사람을 가리킬 때는 那 nà를 쓴다.

A 这是你的弟弟吗? 이 사람이 당신의 남동생이에요?
Zhè shì nǐ de dìdi ma?

B 这是我朋友，那是我弟弟。 이쪽은 제 친구예요. 저 사람이 제 남동생이에요.
Zhè shì wǒ péngyou, nà shì wǒ dìdi.

2 我家有四口人。 우리 집은 네 식구예요.

四口人은 「수사+양사+명사」 표현이다. 수사와 명사 사이에는 보통 양사를 쓴다.

A 你家有几口人? 가족이 몇 명이에요?
Nǐ jiā yǒu jǐ kǒu rén?

B 我家有三口人。 우리 집은 세 식구예요.
Wǒ jiā yǒu sān kǒu rén.

3 我没有弟弟。 저는 남동생이 없어요.

有 '있다'의 부정은 没有 '없다'로 표현한다. 이때 不는 쓰지 않는다.

A 你有没有妹妹? 여동생이 있나요?
Nǐ yǒu méiyǒu mèimei?

B 我没有妹妹。 저는 여동생이 없어요.
Wǒ méiyǒu mèimei.

4 我今年二十(岁)了。 저는 올해 스물(스무 살)이에요.

10세 이상에서 岁는 생략 가능하며, 了는 문장 끝에서 어떤 상황이 변화됐음을 나타낸다.

A 你今年多大了? 올해 나이가 어떻게 되죠?
   Nǐ jīnnián duō dà le?

B 我今年十八了。 저는 올해 열여덟 살이에요.
   Wǒ jīnnián shíbā le.

단어 TIP 가족

단어	병음	뜻
爸爸	bàba	아빠, 아버지
妈妈	māma	엄마, 어머니
爷爷	yéye	할아버지
奶奶	nǎinai	할머니

단어	병음	뜻
哥哥	gēge	형, 오빠
姐姐	jiějie	언니, 누나
弟弟	dìdi	남동생
妹妹	mèimei	여동생

단어 TIP 숫자

단어	병음	뜻
一	yī	1, 하나
二	èr	2, 둘
三	sān	3, 셋
四	sì	4, 넷
五	wǔ	5, 다섯
六	liù	6, 여섯
七	qī	7, 일곱

단어	병음	뜻
八	bā	8, 여덟
九	jiǔ	9, 아홉
十	shí	10, 열
百	bǎi	백
千	qiān	천
万	wàn	만
亿	yì	억

1. 他们都是我朋友。 그들은 모두 제 친구예요.

你们都是我朋友。	여러분은 모두 제 친구예요.
她们也都是我朋友。	그녀들도 모두 제 친구예요.
他们不都是我朋友。	그들 모두가 제 친구는 아니에요.

2. 我家有四口人。 우리 집은 네 식구예요.

我家有三口人。	저희 집은 세 식구예요.
我有一个哥哥。	저는 형(오빠)이 한 명 있어요.
我有一个弟弟。	저는 남동생이 한 명 있어요.

3. 我没有弟弟。 저는 남동생이 없어요.

我没有姐姐。	저는 언니(누나)가 없어요.
他也没有妹妹。	그도 여동생이 없어요.
我们都没有哥哥。	우리는 모두 형(오빠)이 없어요.

4. 我今年二十(岁)了。 저는 올해 스물(스무 살)이에요.

今年我二十二(岁)了。	올해 저는 스물둘(스물두 살)이에요.
他今年二十三(岁)了。	그는 올해 스물셋(스물세 살)이에요.
今年我们都二十四(岁)了。	올해 우리는 모두 스물넷(스물네 살)이에요.

학습 Check ✓

1 빈칸에 알맞은 한어병음을 적으세요.

① 친구   p___you   ② 누구   sh___

③ 아빠   b___ba   ④ 여동생 m___mei

⑤ 아이   h___zi   ⑥ 올해   j___n___

2 그림에 어울리는 문장을 찾으세요.

Ⓐ

① 我家有五口人。
② 我没有兄弟姐妹。

兄弟姐妹 xiōngdì jiěmèi 명 형제자매

Ⓑ

① 这是我妈妈。
② 我有一个弟弟。

Ⓒ

① 她是我朋友。
② 我今年二十五了。

학습 Check ✓

3 제시된 단어를 빈칸에 알맞게 넣으세요.

> 这 / 口 / 了 / 也都 / 没有 / 一个

① _____是我的朋友。

② 他们_____是我朋友。

③ 我家有四_____人。

④ 我_____妹妹。

⑤ 你今年多大_____?

⑥ 她有_____哥哥。

4 제시된 단어를 알맞게 배열하여 문장을 완성하세요.

① 口 / 几 / 人 / 有 / 你家
　_____

② 我 / 是 / 那 / 爸爸
　_____

③ 这 / 了 / 几岁 / 孩子
　_____

CHINESE epilogue #03

중국어 발음의 골칫거리 — 성조

"성조가 중요해요!"

중국어 발음에서 가장 중요한 요소는 성조다. 성조는 발음 중 높낮이를 담당한다. 성조가 달라지면 뜻이 달라지거나 아예 말이 안 되는 경우가 있다. 예를 들어 '형', '오빠'라는 뜻의 단어 哥哥 gēge 는 「제1성+경성」 조합으로 발음한다. 이 단어의 성조를 「제4성+경성」 조합으로 발음한다면 '각각'이라는 뜻의 各个 gège 라는 전혀 다른 뜻이 된다. '저는 형이 있어요.' ("我有哥哥。")라는 말을 만약 성조를 정확히 발음하지 않으면 중국인에게는 '저는 각각의 ~이 있어요.' ("我有各个……")라는 말로 들릴 수 있다. 아마 이 말을 들은 중국인은 문장이 끝나지 않았다고 생각해서 잠시 다음에 이어질 말을 기다려 줄지도 모른다. 물론 중국인들도 간혹 성조를 틀리곤 한다. 또 어떤 말들은 습관적으로 원래 표준 성조와는 다르게 발음하기도 한다. 그러나 중국인들은 틀리는 데에도 나름대로 법칙과 습관이 배어 있기 때문에 의사소통에 큰 지장이 없다. 중국어를 처음 배우는 외국인에게는 중국인이 이해할 만한 '틀리는 법칙'이라는 것이 있을 수 없기 때문에 성조만큼은 꼭 정확하게 익히도록 하자.

만리장성 (长城)

05

지금은 2시 15분이에요.

现在两点一刻。

Xiànzài liǎng diǎn yí kè.

학습목표 시간과 날짜, 요일을 묻고 답하는 여러 가지 표현을 학습합니다.

단어 Check ✓

🎧 05-1

- 现在 xiànzài 명 지금, 현재
- 点 diǎn 양 시(시간)
- 十 shí 수 10, 열
- 分 fēn 양 분(시간)
- 两 liǎng 수 2, 둘
- 刻 kè 양 15분

- 今天 jīntiān 명 오늘
- 五 wǔ 수 5, 다섯
- 月 yuè 명 월
- 八 bā 수 8, 여덟
- 号 hào 명 일
- 生日 shēngrì 명 생일
- 十七 shíqī 수 17, 열일곱

- 昨天 zuótiān 명 어제
- 星期 xīngqī 명 주, 요일
- 星期四 xīngqīsì 명 목요일
- 明天 míngtiān 명 내일
- 星期天 xīngqītiān 명 일요일
- 星期六 xīngqīliù 명 토요일

- 去 qù 동 가다
- 上海 Shànghǎi 명 상하이
- 什么时候 shénme shíhou 대 언제
- 回来 huílái 동 돌아오다
- 下 xià 명 다음
- 星期三 xīngqīsān 명 수요일

회화 Dialogue

🎧 05-2

 영화관에 온 밍밍과 리리가 영화 상영시간을 보며 현재 시간을 확인한다.

A 现在几点?
Xiànzài jǐ diǎn?

B 现在一点十分①。
Xiànzài yī diǎn shí fēn.

A 明明，现在几点?
Míngmíng, xiànzài jǐ diǎn?

B 现在两②点一刻③。
Xiànzài liǎng diǎn yí kè.

A 지금 몇 시니?
B 지금은 1시 10분이야.

A 밍밍, 지금 몇 시니?
B 지금은 2시 15분이야.

> **표현 TIP**
>
> ① 1분부터 10분 미만은 앞에 0(零 líng)을 붙여 零一分 líng yī fēn, 零二分 líng èr fēn……零九分 líng jiǔ fēn 이라고 말한다.
>
> ② 两은 二과 함께 숫자 '2', '둘'을 나타내며 주로 양사 앞에 쓰인다. '두 사람'이라고 말할 때 二个人이라고 하지 않고, 两个人이라고 한다.
>
> ③ 一刻는 '15분'이다. 15분을 나타낼 때 一刻 또는 十五分이라고 하고, 45분은 三刻 또는 四十五分이라고 표현한다. 단, 30분은 两刻라고 하지 않고, 半 bàn '반'이라고 말한다.

 밍밍의 생일 날짜를 알게 된 리리가 친구들과 깜짝파티를 준비한다.

A 今天几月几号?
Jīntiān jǐ yuè jǐ hào?

B 今天五月八号。①
Jīntiān wǔ yuè bā hào.

A 你的生日是几号?
Nǐ de shēngrì shì jǐ hào?

B 我的生日是十七号。
Wǒ de shēngrì shì shíqī hào.

A 오늘이 몇 월 며칠이지?
B 오늘은 5월 8일이야.
A 너의 생일은 며칠이니?
B 내 생일은 17일이야.

표현 TIP

① 시간이나 날짜를 나타내는 말 앞의 是는 생략 가능하다. 다만 부정을 나타낼 때는 반드시 不是를 넣어 표현한다. 今天不是五月八号。'오늘은 5월 8일이 아니에요.'

회화 Dialogue

날짜를 헷갈려 하는 남자에게 여자가 달력을 보여주며 날짜를 알려준다.

A 昨天星期几?
Zuótiān xīngqī jǐ?

B 昨天星期四①。
Zuótiān xīngqīsì.

A 明天是不是星期天?
Míngtiān shì bu shì xīngqītiān?

B 不是。明天是星期六。
Bú shì. Míngtiān shì xīngqīliù.

A 어제가 무슨 요일이었죠?
B 어제는 목요일이었어요.
A 내일이 일요일인가요?
B 아니에요. 내일은 토요일이에요.

표현 TIP

①	星期一 xīngqīyī 월요일	星期二 xīngqī'èr 화요일	星期三 xīngqīsān 수요일	星期四 xīngqīsì 목요일	星期五 xīngqīwǔ 금요일	星期六 xīngqīliù 토요일	星期天/星期日 xīngqītiān /xīngqīrì 일요일

 밍밍이 리리에게 생일 선물을 전해주려고 하지만 리리는 상하이 여행을 준비하고 있다.

A 星期六你做什么?
Xīngqīliù nǐ zuò shénme?

B 星期六我去上海。
Xīngqīliù wǒ qù Shànghǎi.

A 什么时候①回来?
Shénme shíhou huílái?

B 下②星期三回来。
Xià xīngqīsān huílái.

A 토요일에 뭐 하니?
B 토요일에 난 상하이에 가.
A 언제 돌아오니?
B 다음 주 수요일에 돌아와.

 TIP

① 什么时候는 어떤 일이 일어나는 시각을 물을 때 쓴다.

② 下는 '다음'이라는 뜻으로 下星期는 '다음 주'를 나타내며, 下个星期라고도 한다. '지난주'는 上(个)星期, '이번 주'는 这(个)星期라고 한다.

표현 Check ✓

1. 现在一点十分。 지금은 1시 10분이에요.

시간 표현은 点(시)과 分(분)을 사용하여 나타낸다. 시간 표현을 위해서는 1~59까지의 숫자를 잘 알고 있어야 한다.

A 现在几点? 지금 몇 시에요?
Xiànzài jǐ diǎn?

B 现在三点半。 지금은 3시 반이에요.
Xiànzài sān diǎn bàn.

半 bàn 수 반, 절반

2. 今天五月八号。 오늘은 5월 8일이에요.

今天 대신 昨天, 你的生日와 같이 묻고 싶은 날을 넣어 표현한다. 주로 今天几号? 라고 간단히 묻는다.

A 你的生日几月几号? 생일이 몇 월 며칠이에요?
Nǐ de shēngrì jǐ yuè jǐ hào?

B 十二月二十五号。 12월 25일이에요.
Shí'èr yuè èrshíwǔ hào.

3. 昨天(是)星期四。 어제는 목요일이었어요.

문장에서 是는 생략 가능하다. 부정문은 昨天不是星期四。이며, 이때 不是는 생략할 수 없다.

A 昨天星期几? 어제가 무슨 요일이었죠?
Zuótiān xīngqī jǐ?

B 昨天星期二。 어제는 화요일이었어요.
Zuótiān xīngqī'èr.

4 星期六我去上海。 토요일에 저는 상하이에 가요.

시간을 나타내는 말은 문장 맨 앞, 또는 주어의 앞이나 뒤에 올 수 있다.

A 星期天你工作吗? 일요일에 당신은 일해요?
Xīngqītiān nǐ gōngzuò ma?

B 我星期天不工作。 저는 일요일에 일하지 않아요.
Wǒ xīngqītiān bù gōngzuò.

단어 TIP 날짜

단어	병음	뜻
大前天	dàqiántiān	그끄저께
前天	qiántiān	그제
昨天	zuótiān	어제
今天	jīntiān	오늘
明天	míngtiān	내일

단어	병음	뜻
后天	hòutiān	모레
大后天	dàhòutiān	글피
上(个)星期	shàng (ge) xīngqī	지난주
这(个)星期	zhè (ge) xīngqī	이번 주
下(个)星期	xià (ge) xīngqī	다음 주

패턴 Check ✓

🎧 05-6

1 现在一点十分。 지금은 1시 10분이에요.

现在两点三十分。(半)　지금은 2시 30분(반)이에요.
现在九点十五分。(一刻)　지금은 9시 15분이에요.
现在十二点整。　　　　지금은 12시 정각이에요.

整 zhěng 형 정수의, 나머지가 없는, 꼭 ~이다

2 今天五月八号。 오늘은 5월 8일이에요.

昨天三月十五号。　　　어제는 3월 15일이었어요.
明天十二月二十四号。　내일은 12월 24일이에요.
今天不是二十七号。　　오늘은 27일이 아니에요.

3 今天(是)星期四。 오늘은 목요일이에요.

昨天(是)星期三。　　　어제는 수요일이었어요.
五月五号(是)星期天。　5월 5일은 일요일이에요.
明天不是星期六。　　　내일은 토요일이 아니에요.

4 星期六我去上海。 토요일에 저는 상하이에 가요.

十三号他来韩国。　　　13일에 그는 한국에 와요.
我星期一不工作。　　　저는 월요일에 일하지 않아요.
我下星期二回来。　　　저는 다음 주 화요일에 돌아와요.

来 lái 동 오다

학습 Check ✓

1 빈칸에 알맞은 한어병음을 적으세요.

① 토요일   x____qī____

② 언제   sh____me ____hòu

③ 돌아오다   h____l____

④ 어제   z____ t____

⑤ 5월   w____ y____

⑥ 생일   sh____rì

2 그림에 어울리는 문장을 찾으세요.

① 现在十二点一刻。
② 现在十一点四十五分。

① 三十号是星期天。
② 今天是二十二号，星期四。

① 她星期六不回来。
② 下星期一她去上海。

학습 Check ✓

3 제시된 단어를 빈칸에 알맞게 넣으세요.

> 是 / 几 / 不 / 现在 / 星期四 / 什么时候

① _____两点三刻。

② 今天星期_____?

③ 昨天_____。

④ 我的生日_____十四号。

⑤ 星期六我_____工作。

⑥ 你_____去上海?

4 제시된 단어를 알맞게 배열하여 문장을 완성하세요.

① 点 / 半 / 七 / 现在

_____

② 不是 / 明天 / 星期一

_____

③ 我 / 这个 / 回来 / 星期天

_____

CHINESE epilogue #04

한어병음방안 탄생의 비밀

"영어 알파벳과 발음이 똑같지 않아요!"

한어병음방안은 오늘날의 중국 정부가 공식적으로 인정한 중국어 발음 표기 기호다. 로마자 알파벳을 빌려서 한자의 발음을 나타내는 방식으로 1958년 공포되었다. 그러나 이전에도 한자의 발음을 표기하는 방식이 없었던 것은 아니다. 로마자 같은 표음문자의 존재를 몰랐던 아주 오래 전에는 '반절(反切)'이라는 방법을 썼다. 예를 들어 東 dong 이라는 글자의 발음을 표기하기 위해서 德红 dehong 으로 나타내는 식이었다. 즉, 한글 독음으로 예를 들자면, '덕(德)'의 초성 'ㄷ'과 '홍(红)'의 중성과 종성 'ㅗㅇ'을 합하면 '동'을 읽을 수 있다. 후에는 영국 외교관인 웨이드(Wade)가 로마자 이용 표기법인 '웨이드식 표기'를 만들기도 했다. 또 20세기 중반까지는 한자의 필획을 간단히 줄여 만든 '주음부호(注音符号)'가 널리 쓰였다. 중국이 로마자를 활용한 지금의 한어병음방안을 만든 것은 한자가 대중 계몽과 과학 발전에 큰 걸림돌이 된다고 생각했기 때문이다. 이에 중국은 점차 한자를 없애고 로마자로만 글자를 쓸 계획이었지만, 나중에야 이것이 짧은 생각이었음을 자각하고, 지금은 한어병음방안을 발음기호로만 사용하고 있다.

시안 병마용 (西安 宾马勇)

06

만만한 복습

04과 ~ 05과

- 표현 Review
- 긴 회화 Dialogue

학습목표 4과, 5과의 회화 표현을 긴 회화로 학습합니다.

표현 Review

04과

1. 이쪽은 제 친구예요.
   ➡ 这是我的朋友。 Zhè shì wǒ de péngyou.

2. 우리 집은 네 식구예요.
   ➡ 我家有四口人。 Wǒ jiā yǒu sì kǒu rén.

3. 저는 남동생이 없어요.
   ➡ 我没有弟弟。 Wǒ méiyǒu dìdi.

4. 저는 올해 스물(스무 살)이에요.
   ➡ 我今年二十(岁)了。 Wǒ jīnnián èrshí (suì) le.

05과

1. 지금은 1시 10분이에요.
   ➡ 现在一点十分。 Xiànzài yī diǎn shí fēn.

2. 오늘은 5월 8일이에요.
   ➡ 今天五月八号。 Jīntiān wǔ yuè bā hào.

3. 어제는 목요일이었어요.
   ➡ 昨天(是)星期四。 Zuótiān (shì) xīngqīsì.

4. 토요일에 저는 상하이에 가요.
   ➡ 星期六我去上海。 Xīngqīliù wǒ qù Shànghǎi.

긴 회화 Dialogue

A 明明，这①是谁?
　Míngmíng, zhè shì shéi?

B 这是我的朋友。
　Zhè shì wǒ de péngyou.

A 他们也都②是你的朋友吗?
　Tāmen yě dōu shì nǐ de péngyou ma?

B 他们不都是我朋友。
　Tāmen bù dōu shì wǒ péngyou.
　那①是我弟弟。
　Nà shì wǒ dìdi.

A 你有弟弟! 你还有兄弟姐妹吗?
　Nǐ yǒu dìdi! Nǐ hái yǒu xiōngdì jiěmèi ma?

B 没有。我只有一个弟弟。
　Méiyǒu. Wǒ zhǐ yǒu yí ge dìdi.

A 他今年多大了?
　Tā jīnnián duō dà le?

B 他今年十八了。
　Tā jīnnián shíbā le.

A 밍밍, 이 사람은 누구니?
B 이 사람은 내 친구야.
A 저 사람들도 모두 네 친구니?
B 그들 모두가 내 친구는 아니야.
　저 사람은 내 동생이야.
A 동생이 있었구나! 형제자매가 또 있니?
B 아니. 동생만 있어.
A 동생은 올해 몇 살이야?
B 그 애는 올해 열여덟 살이야.

단어
还 hái 부 또, 더 | 兄弟姐妹 xiōngdì jiěmèi 명 형제자매 | 只 zhǐ 부 오직, 단지

표현 TIP
① 这/那는 그 자체로 사람(이분/저분), 사물(이것/저것), 장소(여기/저기) 등을 가리킬 수 있다.
② 也와 都를 같이 쓸 때에는 반드시 也都로 말한다.

✓ 학습 Check 1

1 빈칸에 알맞은 한어병음을 넣어 말해보세요.

① 이 분은 누구세요?
   Zhè shì_____?

② 저 사람은 내 친구예요.
   Nà shì wǒ_____.

③ 저는 남동생 한 명만 있어요.
   Wǒ_____yǒu_____dìdi.

④ 그는 올해 스물(스무 살)이 됐어요.
   Tā jīnnián_____le.

⑤ 그들 모두가 제 친구는 아니에요.
   Tāmen_____wǒ péngyou.

2 빈칸에 알맞은 대화를 넣어 말해보세요.

① A _____ （Zhè shì shéi?）
   B 这是我朋友。

② A 你有姐姐吗?
   B _____ （Wǒ méiyǒu jiějie.）

③ A 你今年多大了?
   B _____ （Wǒ jīnnián èrshí'èr le.）

④ A 他们都是你朋友吗?
   B _____ （Tāmen bù dōu shì wǒ péngyou.）

⑤ A _____ （Nǐ yǒu xiōngdì jiěmèi ma?）
   B 我只有一个弟弟。

긴 회화 Dialogue

A 明明，今天几月几号?
Míngmíng, jīntiān jǐ yuè jǐ hào?

B 今天…… 二月十三号。
Jīntiān…… èr yuè shísān hào.

A 明明，明天星期几?
Míngmíng, míngtiān xīngqī jǐ?

B 明天…… 星期天。
Míngtiān…… xīngqītiān.

A 明明，明天你做什么?
Míngmíng, míngtiān nǐ zuò shénme?

B 明天我去打篮球。你怎么了?①
Míngtiān wǒ qù dǎ lánqiú. Nǐ zěnme le?

A 明明，你明天什么时候去打篮球?
Míngmíng, nǐ míngtiān shénme shíhou qù dǎ lánqiú?

B 啊! 明天就是情人节!②
Ā! Míngtiān jiù shì Qíngrén Jié!

A 밍밍, 오늘이 몇 월 며칠이지?
B 오늘은… 2월 13일이야.
A 밍밍, 내일은 무슨 요일이지?
B 내일은… 일요일이야.
A 밍밍, 내일은 뭐 하니?
B 내일 농구하러 가는데, 왜 그래?
A 밍밍, 내일 언제 농구하러 갈 거야?
B 앗! 내일이 바로 발렌타인 데이구나!

단어 06-5

打 dǎ 동 치다, (공놀이) 하다 | 篮球 lánqiú 명 농구 | 怎么 zěnme 대 어째서, 왜 | 就 jiù 부 바로 | 啊 ā 감 아!, 오! | 情人节 Qíngrén Jié 명 발렌타인 데이

표현 TIP
① 「怎么了?」는 '왜 그래?', '어떻게 된 거야?' 라는 뜻으로 이유나 원인을 묻는 표현이다.
② 중국에서는 음력 7월 7일을 중국식 '연인의 날'로 지내기도 한다.

✓ 학습 Check 2

1 빈칸에 알맞은 한어병음을 넣어 말해보세요.

① 오늘은 몇 월 며칠이에요?
  Jīntiān_____?

② 오늘은 7월 13일이에요.
  Jīntiān_____.

③ 내일은 무슨 요일이에요?
  Míngtiān_____?

④ 내일은 금요일이에요.
  Míngtiān_____.

⑤ 내일 무엇을 하나요?
  _____nǐ_____shénme?

2 빈칸에 알맞은 대화를 넣어 말해보세요.

① A _____ (Jīntiān xīngqī jǐ?)
  B 今天星期天。

② A 明天几月几号?
  B _____ (Míngtiān èr yuè shísì hào.)

③ A 你的生日几月几号?
  B _____ (Wǒ de shēngrì shì yī yuè shíjiǔ hào.)

④ A _____ (Míngtiān nǐ zuò shénme?)
  B 明天我去看电影。

  看 kàn 동 보다 | 电影 diànyǐng 명 영화

⑤ A 你什么时候去看电影?
  B _____ (Wǒ xīngqītiān qù kàn diànyǐng.)

 01~06과의 학습 내용을 핵심 표현만 콕콕 짚어 복습합니다.

✓ 듣기 Check up!

✓ 단어 Check up!

✓ 문장 Check up!

✓ 회화 Check up!

✓ 쓰기 Check up!

듣기 Check up!

1 녹음을 듣고 성조를 알맞게 표시하세요. 복습 1-1

① zao ② mang ③ zai

④ yue ⑤ ming ⑥ ta

⑦ jin ⑧ sui ⑨ zuo

2 녹음을 듣고 알맞은 그림을 찾으세요. 복습 1-2

①  ②  ③  ④

A

B

C

D

단어 Check up!

3 빈칸에 알맞은 단어 퍼즐을 넣으세요.

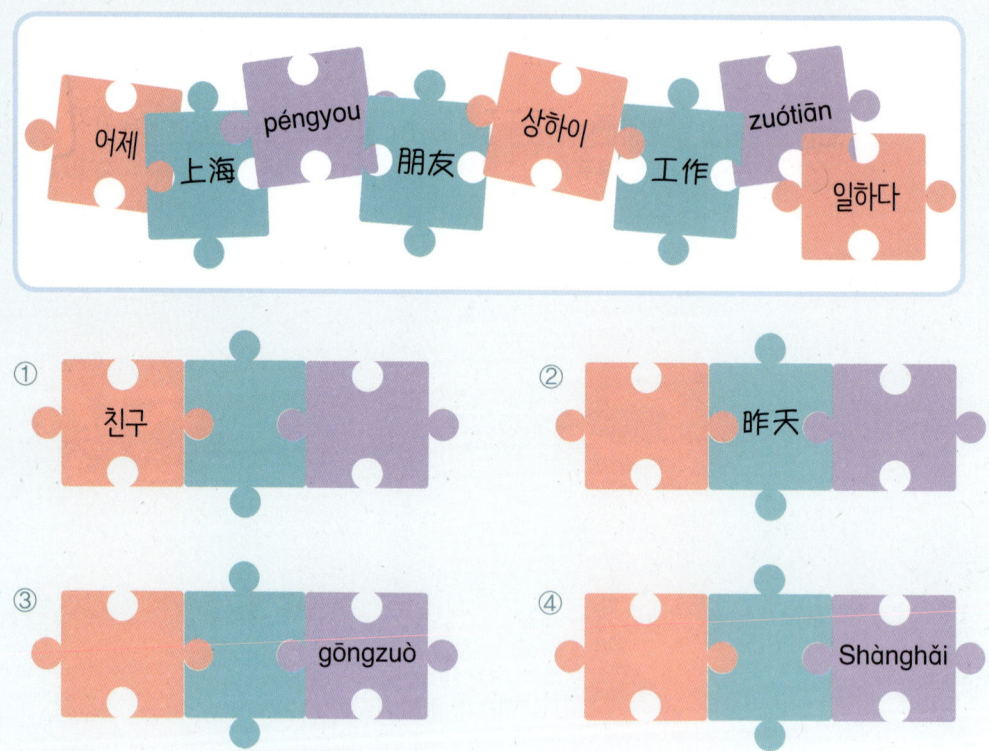

문장 Check up!

4 우리말 문장을 중국어로 적으세요.

① 그들은 모두 한국인이에요. ➡ _____

② 나는 여자 친구가 없어요. ➡ _____ 女 nǚ 명 여자

③ 나는 올해 스물셋이에요. ➡ _____

④ 내 생일은 6월 30일이에요. ➡ _____

회화 Check up!

5 그림을 보며 상황에 어울리는 대화를 완성하세요.

①

A 好久不见!_____
　Hǎo jiǔ bú jiàn! _____

B 我很好。
　Wǒ hěn hǎo.

②

A 你是韩国人吗?
　Nǐ shì Hánguo rén ma?

B 不是，我是_____
　Bú shì, wǒ shì _____

③

A 这孩子_____
　Zhè háizi _____

B 她四岁了。
　Tā sì suì le.

④

A 现在几点?
　Xiànzài jǐ diǎn?

B 现在_____
　Xiànzài _____

쓰기 Check up!

6 큰소리로 읽으며 한자를 써보세요.

你好 nǐ hǎo 안녕! 안녕하세요!

| 你 | 好 | | | | |

你 你你你你你你你
好 好好好好好好

再见 zài jiàn 또 보자

| 再 | 见 | | | | |

再 再再再再再再
见 见见见见

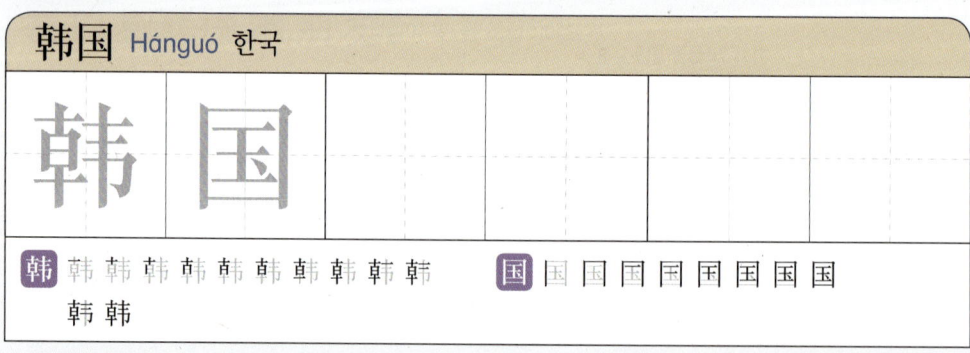

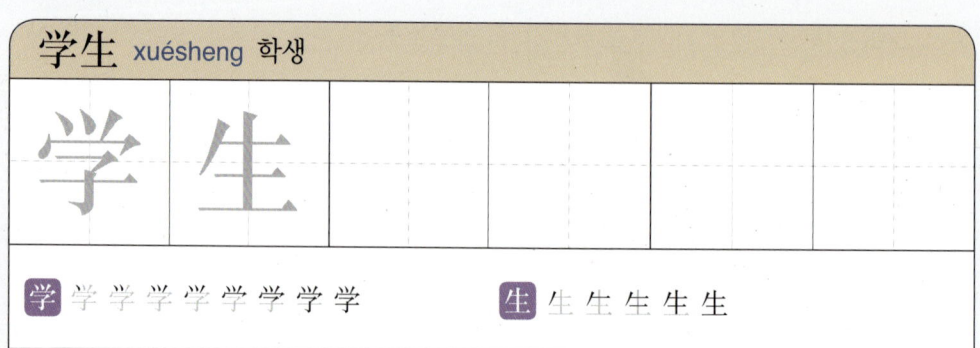

朋友 péngyou 친구

朋	友			

朋 朋 朋 朋 朋 朋 朋 朋

友 友 方 方 友

今年 jīnnián 올해

今	年			

今 今 今 今

年 年 年 年 年 年

星期 xīngqī 주, 요일

星	期			

星 星 星 星 星 星 星 星 星

期 期 期 期 期 期 期 期 期 期 期

明天 míngtiān 내일

明	天			

明 明 明 明 明 明 明 明

天 天 天 天 天

07

무엇을 먹고 싶어요?

你想吃什么?
Nǐ xiǎng chī shénme?

학습목표
음식을 먹고 마시는 다양한 상황과 관련된 표현을 학습합니다.

단어 Check ✓

🎧 07-1

#1
- 吃饭 chīfàn 동 밥을 먹다, 식사하다
- 了 le 조 ~했다(완료)
- 还 hái 부 아직
- 那么 nàme 접 그럼, 그렇다면
- 我们 wǒmen 대 우리, 저희(1인칭 복수)
- 一起 yìqǐ 부 함께, 같이
- 吧 ba 조 ~하자(권유)

#2
- 想 xiǎng 조동 ~하고 싶다
- 吃 chī 동 먹다
- 饿 è 형 배고프다
- 请客 qǐngkè 동 초대하다, 한턱내다
- 真的 zhēnde 부 정말로, 진짜로
- 就 jiù 부 그러면

#3
- 北京烤鸭 Běijīng kǎoyā 명 베이징 오리 구이(일종의 오리 구이 요리)
- 能 néng 동 ~할 수 있다
- 鸭肉 yāròu 명 오리고기
- 当然 dāngrán 부 당연히
- 好吃 hǎochī 형 맛있다
- 陪 péi 동 동반하다, 모시다

#4
- 喜欢 xǐhuan 동 좋아하다
- 喝 hē 동 마시다
- 咖啡 kāfēi 명 커피
- 不太 bú tài 부 그다지 ~하지 않다
- 杯 bēi 양 잔, 컵
- 热 rè 형 뜨겁다, 덥다
- 巧克力 qiǎokèlì 명 초콜릿, 코코아

07 무엇을 먹고 싶어요? • 77

회화 Dialogue

🎧 07-2

 밍밍과 외국인 친구는 함께 식사를 하러 가기로 한다.

A 你吃饭了①吗?
   Nǐ chīfàn le ma?

B 我还没②吃饭。你呢?
   Wǒ hái méi chīfàn. Nǐ ne?

A 我也没吃饭。
   Wǒ yě méi chīfàn.

B 那么③我们一起去吃饭吧④。
   Nàme wǒmen yìqǐ qù chīfàn ba.

A 밥 먹었니?
B 아직 밥 안 먹었어. 너는?
A 나도 밥 안 먹었어.
B 그럼 우리 같이 밥 먹자.

표현 TIP

① 이 문장에서 了는 동작의 완료를 나타내는 조사이다.

② 还没는 '아직 ~하지 않았다'라는 뜻으로 끝에 呢를 붙여 「还没……呢」형태로 쓰면 '아직 ~하지 않았으나 곧 ~할 것이다'라는 어감을 나타낸다.

③ 那么는 么를 생략하여 那만 쓸 수 있다.

④ 吧는 문장 끝에 쓰여 '~하자', '~하세요'처럼 권유의 뜻을 나타낸다.

#2 Scene 배고파 하는 밍밍에게 외국인 친구가 한턱 내기로 한다.

A 你想①吃什么?
Nǐ xiǎng chī shénme?

B 我什么都②想吃，我很饿。
Wǒ shénme dōu xiǎng chī, wǒ hěn è.

A 好，今天我请客。
Hǎo, jīntiān wǒ qǐngkè.

B 真的?③那我就不客气了!
Zhēnde? Nà wǒ jiù bú kèqi le!

A 무엇이 먹고 싶니?
B 배가 고파서 무엇이든 다 먹고 싶어.
A 좋아. 오늘은 내가 살게.
B 정말? 그럼 사양하지 않을게.

표현 TIP

① 想은 '~하고 싶다'라는 뜻으로 다른 동사 앞에서 희망이나 바람을 나타낸다.

② 什么都는 '무엇이라도'라는 뜻으로 모든 대상을 다 포함한다.

③ 真的?는 끝의 어조를 올려 의문을 나타낸다.

회화 Dialogue

🎧 07-4

 밍밍과 외국인 친구는 식사 메뉴로 베이징 오리 구이를 먹기로 한다.

A 我想吃北京烤鸭。
   Wǒ xiǎng chī Běijīng kǎoyā.

B 你能①吃鸭肉②吗?
   Nǐ néng chī yāròu ma?

A 当然能。烤鸭很好吃!
   Dāngrán néng. Kǎoyā hěn hǎochī!

B 那我陪你去。
   Nà wǒ péi nǐ qù.

A 나 베이징 오리 구이가 먹고 싶어.
B 오리고기를 먹을 수 있니?
A 당연하지. 오리 구이가 얼마나 맛있는데!
B 그럼 내가 너와 함께 가 줄게.

① 能은 '~할 수 있다'라는 뜻으로 능력을 나타내며, 부정형은 不能 '~할 수 없다'이다.

② 肉는 보통 '돼지고기'를 나타낸다. 돼지고기 이외에는 鸭肉 yāròu '오리고기', 牛肉 niúròu '소고기'처럼 구체적으로 표현한다.

 식사를 마친 밍밍과 친구는 기숙사 휴게실에서 티타임을 갖는다.

A 你喜欢①喝咖啡吗?
Nǐ xǐhuan hē kāfēi ma?

B 我不太②喜欢喝咖啡③。
Wǒ bú tài xǐhuan hē kāfēi.

A 那么你想喝什么呢?
Nàme nǐ xiǎng hē shénme ne?

B 我想喝一杯热巧克力③。
Wǒ xiǎng hē yì bēi rè qiǎokèlì.

A 커피 좋아하니?
B 난 커피를 별로 좋아하지 않아.
A 그럼 무엇을 마시고 싶어?
B 따뜻한 코코아 한 잔 마시고 싶어.

① 喜欢은 '~을 좋아하다'라는 뜻으로 뒤에 명사 또는 동사가 모두 올 수 있다.

② 不太는 '그다지 ~하지 않다'라는 뜻이다. 太不는 '매우 ~하지 않다'라는 뜻이므로 유의해야 한다.

③ 咖啡, 巧克力와 같은 외래어는 한자의 뜻과 상관없이 영어 발음과 비슷한 한자로 음역한 경우이고, 电脑 diànnǎo '컴퓨터', 手机 shǒujī '휴대전화' 등은 뜻에 따라 의역한 경우이다.

표현 Check ✓

1　你吃饭了吗？　밥 먹었어요?

이 문장에서 了는 동작이나 행위의 완료를 나타낸다.

A 你吃饭了吗？　밥 먹었어요?
Nǐ chīfàn le ma?

B 我已经吃饭了。　저는 이미 밥을 먹었어요.
Wǒ yǐjing chīfàn le.

已经 yǐjing 부 이미

2　我们一起去吃饭吧。　우리 같이 가서 밥 먹어요.

행위나 동작을 나타내는 동사가 연이어 올 때는 동작이 일어나는 순서대로 나열한다.
(동작1 – 去 / 동작2 – 吃)

A 你去哪儿？　어디 가요?
Nǐ qù nǎr?

B 我去食堂吃饭。　식당에 밥 먹으러 가요.
Wǒ qù shítáng chīfàn.

食堂 shítáng 명 식당

3　我想吃北京烤鸭。　나는 베이징 오리 구이를 먹고 싶어요.

무언가를 '하고 싶다'라고 표현할 때 조동사 想을 쓴다.

A 你想吃什么？　무엇이 먹고 싶어요?
Nǐ xiǎng chī shénme?

B 我想吃炸酱面。　짜장면이 먹고 싶어요.
Wǒ xiǎng chī zhájiàngmiàn.

炸酱面 zhájiàngmiàn 명 짜장면

4 我不太喜欢喝咖啡。 저는 커피 마시는 것을 별로 좋아하지 않아요.

不太는 太(매우 ~하다)의 부분 부정으로 '별로 ~하지 않다', '그다지 ~하지 않다'라는 뜻이다.

A 你喜欢他吗? 당신은 그를 좋아해요?
Nǐ xǐhuan tā ma?

B 我不太喜欢他。 저는 그를 별로 좋아하지 않아요.
Wǒ bú tài xǐhuan tā.

단어 TIP 음식

단어	병음	뜻
饺子	jiǎozi	만두
炒饭	chǎofàn	볶음밥
糖醋肉	tángcùròu	탕수육
炸酱面	zhájiàngmiàn	짜장면
炒码面	chǎomǎmiàn	짬뽕
麻婆豆腐	mápó dòufu	마파두부

단어	병음	뜻
美式咖啡	měishì kāfēi	아메리카노
咖啡拿铁	kāfēi nátiě	카페라테
卡普奇诺	kǎpǔqínuò	카푸치노
绿茶	lǜchá	녹차
可乐	kělè	콜라
雪碧	xuěbì	사이다

07-6

1 我吃饭了。 저는 밥을 먹었어요.

我喝咖啡了。 저는 커피를 마셨어요.
我已经见他了。 저는 이미 그를 만났어요.
我已经看电影了。 저는 이미 영화를 보았어요.

2 我还没吃饭。 저는 아직 밥을 먹지 않았어요.

我还没喝咖啡。 저는 아직 커피를 마시지 않았어요.
我还没看电影。 저는 아직 영화를 보지 않았어요.
我还没见他呢。 저는 아직 그를 만나지 않았어요.

3 我能吃鸭肉。 저는 오리 고기를 먹을 수 있어요.

我能吃海鲜。 저는 해산물을 먹을 수 있어요.
我不能吃鸭肉。 저는 오리 고기를 못 먹어요.
我不能喝牛奶。 저는 우유를 못 마셔요.

海鲜 hǎixiān 명 해산물 | 牛奶 niúnǎi 명 우유

4 我喜欢喝咖啡。 저는 커피 마시는 것을 좋아해요.

我很喜欢喝可乐。 저는 콜라 마시는 것을 매우 좋아해요.
我不喜欢喝绿茶。 저는 녹차 마시는 것을 좋아하지 않아요.
我不太喜欢喝咖啡。 저는 커피 마시는 것을 별로 좋아하지 않아요.

학습 Check ✓

1 빈칸에 알맞은 한어병음을 적으세요.

① 이미 ___j___   ② 함께 ___q___

③ 한턱내다 q___k___   ④ 오리 고기 ___r___

⑤ 좋아하다 x___h___   ⑥ 맛있다 h___ch___

2 그림에 어울리는 문장을 찾으세요.

A
① 我还没吃饭呢。
② 我已经吃饭了。

B
① 今天我请客。
② 我不太饿。

C
① 我很喜欢喝咖啡。
② 我想喝热巧克力。

학습 Check ✓

3 대화를 보고 질문에 알맞은 답을 고르세요.

Ⓐ B는 어떤 상태인가요?
　A: 你吃饭了吗?
　B: 还没吃饭。我不太饿。
　① 很饿　　② 吃饭了　　③ 不太饿

Ⓑ B는 어떤 상태인가요?
　A: 你想吃什么?
　B: 我很饿，什么都想吃。
　① 不饿　　② 很饿　　③ 不想吃

Ⓒ 누가 계산을 하려고 하나요?
　A: 我想喝一杯热巧克力。
　B: 喝吧! 今天我请客。
　① A　　② B　　③ A、B都不是

4 제시된 단어를 알맞게 배열하여 문장을 완성하세요.

① 吃 / 她 / 鸭肉 / 不能
_____

② 吧 / 去 / 一起 / 吃饭 / 我们
_____

③ 喝 / 我 / 喜欢 / 不太 / 可乐
_____

CHINESE epilogue #05

번체자와 간체자

"똑같은 한자가 아닌가요?"

우리가 배우는 중국어 한자는 대부분 우리나라 신문이나 책에서 보았던 한자들과는 사뭇 다르다. 우리에게 익숙한 한자가 번체자라면, 오늘날 중국에서 사용하는 한자는 간체자다. 번체자는 우리나라와 대만, 홍콩 등지에서 쓰며, '원래 글자'라는 뜻으로 정자(正字)라고도 한다. 간체자(简体字)는 원래의 글자, 즉 번체자(繁体字)에서 획수를 줄여 간단해진 글자를 가리킨다. 간체자의 공식 명칭은 간화자(简化字)이다. 중국 본토(大陆)에서 주로 사용하는 이 글자들은 한자의 필획이 복잡해서 일반 사람들이 배우기 어려웠으므로 이를 감안하여 만들어졌다. 1930년대부터 시작된 한자의 간화 정책이 널리 자리 잡게 된 것은 사회주의 중국 수립 이후의 일이다. 오늘날 쓰고 있는 간화자는 1986년에 최종 공표되었고, 이 때 14개의 부수(편방)와 2274개 한자(간화자로 된)가 만들어졌다. 그러나 이 과정에서 어떤 글자는 원래 한자가 만들어진 원리를 전혀 알아볼 수 없게 되기도 했다.

상하이 와이탄 (上海 外滩)

08

오늘 날씨는 어때요?

今天天气怎么样?
Jīntiān tiānqì zěnmeyàng?

학습목표
날씨에 관해 묻고 답하는 다양한 표현을 학습합니다.

단어 Check ✓

- 天气 tiānqì 명 날씨
- 怎么样 zěnmeyàng 대 어떠한가?
- 非常 fēicháng 부 매우, 대단히
- 气温 qìwēn 명 기온
- 多少 duōshao 부 얼마
- 到 dào 전 ~까지
- 度 dù 명 도

- 觉得 juéde 동 느끼다, 생각하다
- 有点儿 yǒudiǎnr 부 조금
- 开 kāi 동 켜다, 열다
- 空调 kōngtiáo 명 에어컨
- 哇 wā 감 와!
- 凉快 liángkuai 형 시원하다
- 一点儿 yìdiǎnr 양 조금

- 看 kàn 동 보다
- 预报 yùbào 명 예보
- 早上 zǎoshang 명 아침
- 会 huì 조동 ~일 것이다(추측)
- 下雨 xiàyǔ 동 비가 내리다

- 那儿 nàr 대 거기, 저기, 그곳
- 这儿 zhèr 대 여기, 이곳
- 风 fēng 명 바람
- 听说 tīngshuō 동 들은 바로는 (~라고 한다)
- 下 xià 동 (비·눈 등이)내리다
- 大雪 dàxuě 명 폭설

회화 Dialogue

🎧 08-2

 이른 아침, 리리와 룸메이트 친구는 TV 일기예보를 보며 서둘러 외출 준비를 한다.

A 今天天气怎么样?
　　Jīntiān tiānqì zěnmeyàng?

B 今天天气非常①好。
　　Jīntiān tiānqì fēicháng hǎo.

A 气温是多少?
　　Qìwēn shì duōshao?

B 二十四度到②二十七度。
　　Èrshísì dù dào èrshíqī dù.

A 오늘 날씨 어때?
B 오늘 날씨 정말 좋아.
A 기온은 어느 정도야?
B 24도에서 27도야.

표현 TIP

① 非常은 '대단히'라는 뜻으로 太보다 더 강한 정도를 나타낸다.
② 到는 '～까지'라는 뜻으로 시간, 공간, 범위 등이 이르는 지점을 나타낸다.

 잠자리에 들 시각, 더위로 잠 못 이루던 쌍둥이 자매는 에어컨을 켜기로 한다.

A 我觉得①有点儿②热。
Wǒ juéde yǒudiǎnr rè.

B 我觉得太热了③。
Wǒ juéde tài rè le.

A 我们开空调吧。
Wǒmen kāi kōngtiáo ba.

B 哇！现在凉快一点儿②了。
Wā! Xiànzài liángkuai yìdiǎnr le.

A 난 좀 더운 것 같아.
B 난 너무 더워.
A 우리 에어컨을 켜자.
B 와! 이제 좀 시원해졌어.

① 觉得는 주관적인 생각을 나타낸다.

② 有点儿과 一点儿은 모두 '조금', '약간'이라는 뜻이지만, 有点儿은 형용사 앞에 오고, 一点儿은 형용사 뒤에 온다.

③ 「太……了」는 '너무 ~하다'라는 표현으로 太를 쓰면 문장 끝에 습관적으로 了가 온다.

회화 Dialogue

🎧 08-4

내일의 소풍 준비로 분주한 리리와 룸메이트 친구는 날씨를 걱정한다.

A 你看天气预报了吗?
   Nǐ kàn tiānqì yùbào le ma?

B 今天早上我看了。
   Jīntiān zǎoshang wǒ kàn le.

A 明天会①下雨吗?
   Míngtiān huì xiàyǔ ma?

B 不会下雨的②。
   Bú huì xiàyǔ de.

A 일기예보 봤니?
B 오늘 아침에 봤어.
A 내일 비가 올까?
B 비는 안 올 거야.

표현 TIP

① 会는 다른 동사 앞에서 어떤 일이나 상황을 추측한다.

② 추측을 나타내는 会의 부정은 不会 bú huì '~일 리 없다'로 쓴다. 문장 끝에 的가 오면 추측의 강도가 더 강해진다.

 외국에 있는 친구와 화상 통화 중인 밍밍은 친구가 있는 곳의 날씨를 묻는다.

A 你那儿①天气怎么样?
Nǐ nàr tiānqì zěnmeyàng?

B 我这儿①风有点儿大。
Wǒ zhèr fēng yǒudiǎnr dà.

A 这儿没有风。
Zhèr méiyǒu fēng.

B 听说②那儿明天会下大雪。
Tīngshuō nàr míngtiān huì xià dàxuě.

A 그곳은 날씨가 어때?
B 이곳은 바람이 좀 세.
A 여기는 바람이 없어(안 불어).
B 거기는 내일 눈이 많이 내린다고 들었어.

① 어떤 사람이 있는 장소를 간단히 나타내려면 这儿/那儿을 붙여서 你那儿 nǐ nàr '네가 있는 곳', 他那儿 tā nàr '그가 있는 곳', 朋友那儿 péngyou nàr '친구가 있는 곳' 등으로 쓴다.

② 听说는 '듣다'라는 听 tīng과 '말하다'라는 说 shuō가 합쳐진 말로 우리말의 '들어 보니', '~이라고 듣다'의 뜻이다. 다른 사람의 말이나 소문, 소식 등을 전할 때 쓴다.

표현 Check ✓

1 今天天气怎么样? 오늘 날씨는 어때요?

「……怎么样?」은 사람이나 사물, 상황에 대해 묻는 표현이다.

A 今天天气怎么样?　오늘 날씨는 어때요?
　Jīntiān tiānqì zěnmeyàng?

B 今天天气不太好。　오늘 날씨는 별로 안 좋아요.
　Jīntiān tiānqì bú tài hǎo.

2 我觉得有点儿热。 제 생각엔 좀 더워요.

觉得는 주관적인 생각이나 느낌을 나타낸다. 「有点儿+형용사」는 '조금 ~하다'라는 뜻으로 성질 및 상태에 대한 부정적 어감을 표현한다.

A 你觉得怎么样?　당신 생각에 어때요?
　Nǐ juéde zěnmeyàng?

B 我觉得有点儿冷。　저는 좀 추워요.
　Wǒ juéde yǒudiǎnr lěng.

冷 lěng 형 춥다

3 现在凉快一点儿了。 이제 좀 시원해졌어요.

「형용사+一点儿」은 '조금 ~하다'라는 뜻으로 성질이나 상태에 대한 긍정적, 혹은 부정적 어감을 모두 나타낼 수 있다.

A 现在怎么样?　지금은 어때요?
　Xiànzài zěnmeyàng?

B 现在好一点儿了。　지금은 좀 좋아졌어요.
　Xiànzài hǎo yìdiǎnr le.

4 听说明天会下大雪。 내일은 눈이 많이 온다고 들었어요.

听说는 다른 사람의 말을 전할 때 쓰는 표현이다. 「A听B说」 형식에서 A는 소식이나 어떤 말을 들은 사람, B는 그 말을 한 사람을 나타낸다. A나 B는 상황에 따라 생략할 수 있다.

A 天气预报说什么? 일기예보에서 뭐라고 했어요?
　 Tiānqì yùbào shuō shénme?

B 我听预报说明天会下雨。 예보에서 듣기로는 내일 비가 온대요.
　 Wǒ tīngshuō míngtiān huì xiàyǔ.

听 tīng 동 듣다 │ 说 shuō 동 말하다, 얘기하다

단어 TIP 날씨와 계절

단어	병음	뜻
晴天	qíngtiān	맑은 날씨
阴天	yīntiān	흐린 날씨
下雨	xiàyǔ	비가 내리다
下雪	xiàxuě	눈이 내리다
刮风	guāfēng	바람이 불다

단어	병음	뜻
季节	jìjié	계절
春天	chūntiān	봄
夏天	xiàtiān	여름
秋天	qiūtiān	가을
冬天	dōngtiān	겨울

1. 今天天气**怎么样**? 오늘 날씨 어때요?

昨天天气**怎么样**?	어제 날씨는 어땠어요?
他的汉语**怎么样**?	그의 중국어는 어때요?
大家觉得**怎么样**?	여러분 생각은 어때요?

2. 今天**有点儿**热。 오늘은 좀 더워요.

天气**有点儿**冷。	날씨가 좀 추워요.
汉语**有点儿**难。	중국어는 좀 어려워요.
我**有点儿**不舒服。	저는 (몸이) 좀 안 좋아요.

难 nán 형 어렵다 | 舒服 shūfu 형 (몸·마음이) 편안하다

3. 我觉得**太**热**了**。 제 생각엔 너무 더워요.

今天天气**太**好**了**。	오늘 날씨가 너무 좋아요.
我现在**太**饿**了**。	저는 지금 너무 배고파요.
这东西**太**大**了**。	이 물건은 너무 커요.

东西 dōngxi 명 물건

4. 明天**会**下大雪。 내일은 눈이 많이 내릴 거예요.

明天**会**很热的。	내일은 매우 더울 거예요.
今天他**不会**来的。	오늘 그는 오지 않을 거예요.
我这儿**不会**有风。	여기는 바람이 불지 않을 거예요.

학습 Check ✓

1 빈칸에 알맞은 한어병음을 적으세요.

① 매우   f___ch___   ② 폭설   d___x___

③ 에어컨 k___t___   ④ 온도   q___w___

⑤ 일기예보 t____ y____   ⑥ 아침   z___sh___

2 그림에 어울리는 문장을 찾으세요.

Ⓐ
① 今天天气非常好。
② 明天天气不太好。

Ⓑ
① 现在凉快一点儿了。
② 我觉得今天太热了。

Ⓒ
① 听说今天会下大雪。
② 天气预报说明天会下雨。

학습 Check ✓

3 대화를 보고 질문에 알맞은 답을 고르세요.

A A와 B에게 무엇이 필요한가요?
   A: 你不觉得热吗?
   B: 我觉得有点儿热。
   ① 手机　　② 电脑　　③ 空调

   手机 shǒujī 명 휴대전화 ｜ 电脑 diànnǎo 명 컴퓨터

B 내일 날씨는 어떤가요?
   A: 明天会下雨吗?
   B: 天气预报说会下雪。
   ① 下雨　　② 下雪　　③ 刮风

C 지금은 어떤 계절인가요?
   A: 今天多少度?
   B: 零度到四度。
   ① 春天　　② 夏天　　③ 冬天

   零 líng 수 0, 영

4 제시된 단어를 알맞게 배열하여 문장을 완성하세요.

① 天气 / 今天 / 怎么样
_____

② 了 / 冷 / 我 / 太 / 觉得
_____

③ 他 / 风 / 那儿 / 听说 / 没有
_____

CHINESE epilogue #06

> **중국의 잰말놀이**
>
> "4는 4이고, 10은 10이고,
> 14는 14이고, 40은 40이다."

"간장 공장 공장장은 강 공장장이고…" 어려서부터 누구나 한 번쯤 해보는 이 말놀이는 비슷한 발음이 뒤섞인 문장을 정확하게 이어가야 하지만 웬만해서는 완벽하게 끝마치기가 어렵다. 중국어에도 비슷한 놀이가 있는데, '라오커우링(绕口令 ràokǒulìng 일명 '잰말놀이')'이라고 한다. '라오(绕)'라는 말은 무언가가 '뒤얽혀 있다'는 뜻이다. 그대로 말하면 '뒤얽힌 구령'이다. 중국어 '라오커우링'은 수천 년 전부터 이어져왔다. 특히 중국어는 발음할 수 있는 음절 수가 많지 않아 다양한 라오커우링이 만들어질 수 있다. b와 p, d와 t, n와 l처럼 비슷한 성모들을 연이어 발음하는 경우도 있고, 또는 an, en, ang처럼 비슷한 운모들을 연이어 발음하는 경우도 있다. 현재 전해져 오는 라오커우링의 개수가 정확히 몇 개인지는 파악이 안 될 정도로 그 종류는 다양하다. 또한 지금도 계속해서 만들어지고 있는 중이다. 대표적으로 "四是四，十是十，十四是十四，四十是四十。"(4는 4이고 10은 10이고 14는 14이고 40은 40이다.)와 같은 라오커우링은 쉽게 익힐 수 있는 것 중 하나이다.

상하이 푸동 (上海 浦东)

09

만만한 복습

07과 ~ 08과

- 표현 Review
- 긴 회화 Dialogue

학습목표 7과, 8과의 회화 표현을 긴 회화로 학습합니다.

표현 Review

🎧 09-1

07과

1. 밥 먹었어요?
   ➡ 你吃饭了吗？ Nǐ chīfàn le ma?

2. 우리 같이 가서 밥 먹어요.
   ➡ 我们一起去吃饭吧。 Wǒmen yìqǐ qù chīfàn ba.

3. 나는 베이징 오리 구이를 먹고 싶어요.
   ➡ 我想吃北京烤鸭。 Wǒ xiǎng chī Běijīng kǎoyā.

4. 저는 커피 마시는 것을 별로 좋아하지 않아요.
   ➡ 我不太喜欢喝咖啡。 Wǒ bú tài xǐhuan hē kāfēi.

08과

1. 오늘 날씨는 어때요?
   ➡ 今天天气怎么样？ Jīntiān tiānqì zěnmeyàng?

2. 제 생각엔 좀 더워요.
   ➡ 我觉得有点儿热。 Wǒ juéde yǒudiǎnr rè.

3. 이제 좀 시원해졌어요.
   ➡ 现在凉快一点儿了。 Xiànzài liángkuai yìdiǎnr le.

4. 내일은 눈이 많이 온다고 들었어요.
   ➡ 听说明天会下大雪。 Tīngshuō míngtiān huì xià dàxuě.

긴 회화 Dialogue

A 丽丽，你吃饭了吗？
　Lìli, nǐ chīfàn le ma?

B 我还没吃饭。你呢？
　Wǒ hái méi chīfàn. Nǐ ne?

A 我也还没吃。一起去吃吧。
　Wǒ yě hái méi chī. Yìqǐ qù chī ba.

B 你想吃什么？
　Nǐ xiǎng chī shénme?

A 我想吃炒饭、饺子、炸酱面……
　Wǒ xiǎng chī chǎofàn、jiǎozi、zhájiàngmiàn……

B 你太饿了吧①！
　Nǐ tài è le ba!

A 我太饿了。什么都想吃。
　Wǒ tài è le. Shénme dōu xiǎng chī.

B 好，今天我请客。
　Hǎo, jīntiān wǒ qǐngkè.
　你想吃什么，就吃什么②。
　Nǐ xiǎng chī shénme, jiù chī shénme.

A 리리, 밥 먹었니?
B 아직 밥 안 먹었어. 너는?
A 나도 아직 안 먹었어. 같이 먹으러 가자.
B 뭐 먹고 싶은데?
A 볶음밥, 만두, 짜장면…
B 너 엄청 배고프구나!
A 나 너무 배고파. 뭐든 다 먹고 싶어.
B 그래. 오늘 내가 살게. 먹고 싶은 것 먹어.

단어 炒饭 chǎofàn 명 볶음밥 | 饺子 jiǎozi 명 만두 | 炸酱面 zhájiàngmiàn 명 짜장면

표현 TIP
① 이 문장에서 吧는 권유가 아닌 추측의 어감을 나타낸다.
② 「想+동사+什么, 就+동사+什么」 문형은 '~하고 싶은 것은 무엇이든 ~하다'라는 의미로 앞뒤의 내용이 호응을 이루어 아무런 제한이 없음을 나타내는 표현이다.

✓ 학습 Check !

1 빈칸에 알맞은 한어병음을 넣어 말해보세요.

① 밥 먹었어요?
Nǐ_____ma?

② 아직 안 먹었어요.
Wǒ_____chīfàn.

③ 무엇을 먹고 싶어요?
Nǐ_____shénme?

④ 저는 너무 배고파요.
Wǒ_____.

⑤ 오늘 제가 살게요.
Jīntiān_____.

2 빈칸에 알맞은 대화를 넣어 말해보세요.

① A 你想吃什么?
B _____ (Wǒ shénme dōu xiǎng chī.)

② A _____ (Nǐ chīfàn le ma?)
B 我还没吃饭。

③ A 你饿吗?
B _____ (Wǒ bú tài è.)

④ A 我还没吃饭。
B _____ (Yìqǐ qù chī ba.)

⑤ A _____ (Nǐ xiǎng chī shénme?)
B 我想吃炸酱面。

긴 회화 Dialogue

09-4

A 丽丽，今天天气怎么样?
　Lìlì, jīntiān tiānqì zěnmeyàng?

B 今天天气不怎么好①。
　Jīntiān tiānqì bù zěnme hǎo.

A 怎么了? 下雨吗? 有风吗?
　Zěnme le? Xiàyǔ ma? Yǒu fēng ma?

B 没有，今天气温有点儿低。
　Méiyǒu, jīntiān qìwēn yǒudiǎnr dī.

A 多少度?
　Duōshao dù?

B 听天气预报说，十度到十二度。
　Tīng tiānqì yùbào shuō, shí dù dào shí'èr dù.

　而且②下午会下雨。
　Érqiě xiàwǔ huì xiàyǔ.

A 那我带一把雨伞。
　Nà wǒ dài yì bǎ yǔsǎn.

B 这儿有你的雨伞。
　Zhèr yǒu nǐ de yǔsǎn.

A 리리, 오늘 날씨 어때?
B 오늘 날씨 별로 안 좋아.
A 왜? 비가 오니? 바람이 불어?
B 아니. 오늘 온도가 좀 낮아.
A 몇 도인데?
B 일기예보에서는 10도에서 12도래. 게다가 오후에 비가 올 거래.
A 그럼 우산 하나 가져가야지.
B 여기 네 우산이 있어.

단어 不怎么 bù zěnme 그다지(별로) ~하지 않다 | 低 dī 형 낮다 | 而且 érqiě 접 게다가 | 下午 xiàwǔ 명 오후 | 带 dài 동 지니다, 가지다 | 把 bǎ 양 자루(손잡이가 있는 물건을 세는 단위) | 雨伞 yǔsǎn 명 우산

표현 TIP ① 「不怎么+형용사」는 '그다지 ~하지 않다'라는 표현으로 「不太……」와 비슷한 표현이다.
② 而且는 '게다가'라는 뜻으로 앞에 제시한 상황에 더해져 벌어지는 상황을 이끌 때 쓰인다.

✓ 학습 Check 2

1 빈칸에 알맞은 한어병음을 넣어 말해보세요.

① 오늘 날씨 어때요?
   Jīntiān_____?

② 오늘 날씨 별로 안 좋아요.
   Jīntiān_____.

③ 오늘 온도가 좀 낮아요.
   Jīntiān_____.

④ 게다가 오후에 비가 올 거예요.
   Érqiě_____.

⑤ 여기 당신의 우산이 있어요.
   Zhèr_____.

2 빈칸에 알맞은 대화를 넣어 말해보세요.

① A 明天天气怎么样?
   B _____ (Míngtiān tiānqì bú tài hǎo.)

② A 明天下雨吗?
   B _____ (Míngtiān bú huì xiàyǔ.)

③ A 今天有风吗?
   B _____ (Jīntiān méiyǒu fēng.)

④ A _____ (Jīntiān qìwēn shì duōshao?)
   B 听天气预报说,十度到十二度。

⑤ A 今天上午会下雨。   上午 shàngwǔ 명 오전
   B _____ (Wǒ dài yì bǎ yǔsǎn.)

10

커피숍이 어디예요?

咖啡店在哪儿?

Kāfēidiàn zài nǎr?

 **학습목표**
장소를 찾을 때, 길을 모를 때 묻고 답하는 다양한 표현을 학습합니다.

단어 Check ✓

- 请问 qǐngwèn 동 말씀 좀 묻겠습니다, 실례합니다
- 咖啡店 kāfēidiàn 명 커피숍
- 在 zài 동 ~에 있다
- 楼 lóu 명 층
- 不好意思 bù hǎo yìsi 미안하다, 죄송하다, 실례하다
- 便利店 biànlìdiàn 명 편의점
- 旁边 pángbiān 명 옆(쪽)

- 地铁 dìtiě 명 지하철
- 站 zhàn 명 역
- 怎么 zěnme 대 어떻게
- 走 zǒu 동 (걸어)가다
- 一直 yìzhí 부 곧장, 줄곧
- 到 dào 동 이르다, 도착하다
- 说 shuō 동 말하다, 이야기하다
- 往 wǎng 전 ~쪽으로
- 前 qián 명 앞
- 对 duì 형 맞다, 옳다

- 附近 fùjìn 명 근처
- 药店 yàodiàn 명 약국
- 从 cóng 전 ~에서, ~로부터
- 这边 zhèbiān 명 이쪽
- 行 xíng 동 ~하면 된다
- 在 zài 전 ~에, ~에서
- 路口 lùkǒu 갈림길
- 右 yòu 명 오른쪽
- 拐 guǎi 동 돌다

- 火车 huǒchē 명 기차
- 离 lí 전 ~로부터
- 远 yuǎn 형 멀다
- 可以 kěyǐ 동 ~할 수 있다
- 过去 guòqù 동 건너가다, 지나가다
- 最 zuì 부 가장
- 坐 zuò 동 타다, 앉다
- 出租汽车 chūzū qìchē 명 택시

회화 Dialogue

 밍밍이 길에서 지나가는 여자에게 길을 묻는다.

A 请问①，咖啡店在哪儿？
Qǐngwèn, kāfēidiàn zài nǎr?

B 咖啡店在一楼。
Kāfēidiàn zài yī lóu.

A 不好意思②，便利店呢？
Bù hǎo yìsi, biànlìdiàn ne?

B 便利店在咖啡店的旁边。
Biànlìdiàn zài kāfēidiàn de pángbiān.

A 실례지만, 커피숍이 어디에 있나요?
B 커피숍은 1층에 있어요.
A 죄송하지만, 편의점은요?
B 편의점은 커피숍 옆에 있어요.

① 请问은 '말씀 좀 묻겠습니다', '실례합니다'의 뜻으로 예의를 갖추어 정중하게 묻는 표현이다.
② 不好意思는 '미안하다', '쑥스럽다', '실례합니다' 등 다양한 의미의 겸양 표현이다.

 외국인 여행객이 거리의 공안 요원에게 지하철역으로 가는 길을 묻는다.

A 请问，地铁站怎么走？
   Qǐngwèn, dìtiě zhàn zěnme zǒu?

B 一直走就能到。
   Yìzhí zǒu jiù néng dào.

A 你说①一直往前走，对吗？②
   Nǐ shuō yìzhí wǎng qián zǒu, duì ma?

B 对。
   Duì.

A 좀 물어볼게요. 지하철역은 어떻게 가죠?
B 곧장 가면 됩니다.
A 앞으로 쭉 가라는 말이죠? 맞나요?
B 맞아요.

① 你说는 '당신의 말은~'이라는 뜻으로 상대방의 말을 다시 확인할 때 문장 앞에 쓴다.

② 对吗?는 문장 끝에 덧붙여 우리말의 '그렇죠?', '맞죠?'에 해당하며, 对不对?로도 쓰인다. 같은 형태로 是吗?(是不是? '그렇죠?', '맞죠?'), 好吗?(好不好? '좋죠?', '알겠죠?')등이 있다.

회화 Dialogue

 새 구두를 신고 발이 아픈 리리가 밴드를 사기 위해 약국에서 찾는다.

A 这附近有药店吗?
Zhè fùjìn yǒu yàodiàn ma?

B 有。从这边①走就行。
Yǒu. Cóng zhèbiān zǒu jiù xíng.

A 一直走就行吗?
Yìzhí zǒu jiù xíng ma?

B 在路口往右拐就是②。
Zài lùkǒu wǎng yòu guǎi jiù shì.

A 이 근처에 약국이 있나요?
B 있어요. 이쪽으로 가면 돼요.
A 곧장 가면 되나요?
B 갈림길에서 오른쪽으로 돌면 돼요.

① 这边은 '이쪽', '이곳'이라는 뜻으로 这儿과 쓰임이 유사하다.

② 就是는 '맞다', '그렇다'라는 뜻으로 여기에서는 '바로 거기다'라고 할 수 있다.

 외국인 여행객이 버스를 기다리던 리리에게 기차역까지의 거리를 묻는다.

A 火车站离这儿远吗?
Huǒchē zhàn lí zhèr yuǎn ma?

B 火车站离这儿有点儿远。
Huǒchē zhàn lí zhèr yǒudiǎnr yuǎn.

A 我可以①走过去②吗?
Wǒ kěyǐ zǒu guòqù ma?

B 最好③坐出租汽车去。
Zuì hǎo zuò chūzū qìchē qù.

A 기차역이 여기서 멀어요?
B 기차역은 여기서 좀 멀어요.
A 걸어갈 수 있어요?
B 택시를 타고 가는 것이 가장 좋아요.

① 可以는 여기서 어떤 일이나 행동이 가능함을 나타낸다.

② 走过去는 '걸어서 (목적지까지) 가다'라는 표현이다. '걸어서 오다'는 走过来라고 한다.

③ 最好는 '~하는 것이 가장 좋다'라는 뜻으로 주로 문장 맨 앞에 온다.

표현 Check ✓

1 咖啡店在一楼。 커피숍은 1층에 있어요.

「사람/사물+在+장소」는 '어떤 사람이나 사물이 (어디)에 있다'라는 표현이다.

A 便利店在哪儿? 편의점이 어디에 있어요?
　Biànlìdiàn zài nǎr?

B 便利店在二楼。 편의점은 2층에 있어요.
　Biànlìdiàn zài èr lóu.

2 地铁站怎么走? 지하철역은 어떻게 가나요?

「목적지+怎么走?」는 길을 물을 때 쓰는 일반적인 표현이다.

A 地铁站怎么走? 지하철역에 어떻게 가죠?
　Dìtiě zhàn zěnme zǒu?

B 一直往前走就是。 앞으로 곧장 가면 돼요.
　Yìzhí wǎng qián zǒu jiù shì.

3 这附近有药店吗? 이 근처에 약국이 있나요?

「장소+有+사람/사물」은 '어떤 장소에 특정한 사람이나 사물이 있다'라는 표현이다.

A 这附近有药店吗? 이 근처에 약국이 있나요?
　Zhè fùjìn yǒu yàodiàn ma?

B 火车站里有药店。 기차역 안에 약국이 있어요.
　Huǒchē zhàn lǐ yǒu yàodiàn.

里 ∥ 명 안

4. 火车站离这儿有点儿远。 기차역은 여기에서 좀 멀어요.

어떤 장소가 다른 장소에서 멀고 가까움을 나타낼 때 「有点儿+형용사(远/近)」 형태로 쓴다.

A 电影院离这儿远吗?
Diànyǐngyuàn lí zhèr yuǎn ma?

영화관이 여기에서 멀어요?

B 电影院离这儿有点儿远。
Diànyǐngyuàn lí zhèr yǒudiǎnr yuǎn.

영화관은 여기에서 좀 멀어요.

近 jìn 형 가깝다 | 电影院 diànyǐngyuàn 명 영화관

단어 TIP 장소

단어	병음	뜻
邮局	yóujú	우체국
书店	shūdiàn	서점
超市	chāoshì	마트, 슈퍼
面包店	miànbāodiàn	빵 가게

단어	병음	뜻
图书馆	túshūguǎn	도서관
美发店	měifàdiàn	미용실
电影院	diànyǐngyuàn	영화관
练歌厅	liàngētīng	노래방

단어 TIP 방향

단어	병음	뜻
前(边)	qián(biān)	앞(쪽)
后(边)	hòu(biān)	뒤(쪽)
左(边)	zuǒ(biān)	좌(왼쪽)
右(边)	yòu(biān)	우(오른쪽)
里(边)	lǐ(biān)	안(쪽)
外(边)	wài(biān)	바깥(쪽)

단어	병음	뜻
东	dōng	동
西	xī	서
南	nán	남
北	běi	북

패턴 Check ✓

🎧 10-6

1 咖啡店在一楼。 커피숍은 1층에 있어요.

便利店在旁边。 편의점은 옆에 있어요.
地铁站在前边。 지하철역은 앞에 있어요.
药店在火车站里。 약국은 기차역 안에 있어요.

2 一楼有咖啡店。 1층에 커피숍이 있어요.

旁边有便利店。 옆에 편의점이 있어요.
前边有地铁站。 앞쪽에 지하철역이 있어요.
火车站里有药店。 기차역 안에 약국이 있어요.

3 地铁站怎么走? 지하철역에 어떻게 가나요?

火车站怎么走? 기차역에 어떻게 가나요?
电影院怎么走? 영화관에 어떻게 가나요?
图书馆怎么走? 도서관에 어떻게 가나요?

4 火车站离这儿有点儿远。 기차역은 여기에서 좀 멀어요.

书店离邮局很远。 서점은 우체국에서 매우 멀어요.
咖啡店离便利店不远。 커피숍은 편의점에서 멀지 않아요.
地铁站离他那儿很近。 지하철역은 그가 있는 곳에서 매우 가까워요.

학습 Check ✓

1 빈칸에 알맞은 한어병음을 적으세요.

① 근처   f__j__   ② 갈림길   l__k__

③ 기차   h__ch__   ④ 곧장   y__zh__

⑤ 미안하다 b__ h__ y__s__   ⑥ 택시   ch__z__ q__ch__

2 그림에 어울리는 문장을 찾으세요.

① 咖啡店在二楼。
② 便利店在咖啡店旁边。

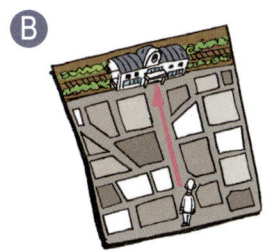

① 一直走就能到地铁站。
② 在路口往右拐就是地铁站。

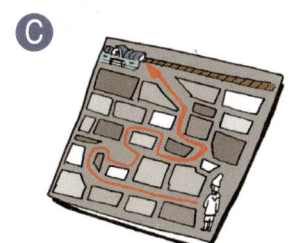

① 火车站离这儿不太远。
② 火车站离这儿有点儿远。

학습 Check ✓

3 대화를 보고 질문에 알맞은 답을 고르세요.

Ⓐ A는 무엇을 찾고 있나요?
A: 这儿有便利店吗?
B: 有。在咖啡店旁边。
① 便利店　　② 咖啡店　　③ 面包店

Ⓑ A는 무엇이 필요한가요?
A: 请问，这附近有药店吗?
B: 有。从这边走就行。
① 水　　　　② 药　　　　③ 可乐

药 yào 명 약

Ⓒ A가 목적지에 가는 가장 좋은 방법은 무엇인가요?
A: 邮局怎么走?
B: 最好你坐地铁过去。
① 走过去　　② 坐火车去　　③ 坐地铁去

4 제시된 단어를 알맞게 배열하여 문장을 완성하세요.

① 有 / 药店 / 一楼

_____

② 到 / 能 / 走 / 就 / 一直

_____

③ 远 / 离 / 这儿 / 超市 / 有点儿

_____

CHINESE epilogue #07

중국어의 비슷한 발음, 해음(諧音)

"우산을 선물하거나 배를 갈라 먹는 것은 이별을 암시해요."

중국어에는 같거나 비슷한 발음으로 이루어진 낱말이 꽤 많다. 이런 경우를 '해음'이라고 부른다. 해음은 중국어의 흥미로운 현상인데, 이로 인해 다양한 문화적 금기가 나타나기도 한다. 우리나라 사람들이 '넉 사'(四 sì)가 '죽을 사'(死 sǐ)와 발음이 같다고 꺼리는 것과 비슷한 이치다. 예를 들면 중국인들은 결혼식이나 가족 모임에서 배를 먹지 않는다. 반으로 갈라 먹는 일은 더더욱 꺼린다. '배'를 뜻하는 중국어 단어가 梨 lí 인데, 이 글자의 발음이 '헤어지다'는 뜻을 나타내는 离 lí와 완전히 같기 때문이다. 또한 우산을 선물로 주고받지도 않는다. '우산'은 보통 伞 sǎn이라고 하는데 그 발음이 '흩어지다'는 말을 나타내는 散 sǎn과 같기 때문이다. 물론 좋은 경우도 있다. 중국 사람들은 보통 福 fú자를 실내나 현관문에 거꾸로 붙여놓는데, 이것은 '거꾸로'라는 말인 倒 dào가 '오다', '이르다'라는 뜻의 到 dào와 발음이 같아서 '복을 거꾸로 붙이면(福倒 fú dào)', '복이 오는(福到 fú dào)' 것이다. 그러므로 어떤 집에 '복' 글자가 거꾸로 붙어 있으면 '복이 거꾸로 붙어있다'라고 말해도 '복이 왔다'라는 말이 된다. 이와 같은 해음 현상은 중국의 많은 문화적 관습과 밀접한 관련이 있다.

항저우 서호 (杭州 西湖)

11

이 모자는 얼마예요?

这顶帽子多少钱?

Zhè dǐng màozi duōshao qián?

학습목표
물건을 사고 팔 때 쓰는 여러 가지 표현을 학습합니다.

🎧 11-1

- 顶 dǐng 양 개(모자를 세는 단위)
- 帽子 màozi 명 모자
- 钱 qián 명 돈
- 块 kuài 양 콰이, 위안(중국 화폐 단위)
- 条 tiáo 양 개, 벌(바지, 치마 등을 세는 단위)
- 裤子 kùzi 명 바지
- 百 bǎi 수 백, 백 단위

- 老板 lǎobǎn 명 주인, 사장
- 苹果 píngguǒ 명 사과
- 卖 mài 동 팔다
- 斤 jīn 양 근(500g)
- 买 mǎi 동 사다
- 一共 yígòng 부 모두, 전부

- 双 shuāng 양 쌍, 켤레(짝을 이루는 사물을 세는 단위)
- 鞋 xié 명 신발
- 漂亮 piàoliang 형 예쁘다
- 红色 hóngsè 명 빨간색
- 的 de 조 ~의 것, ~한 것
- 还是 háishi 접 또는, 아니면
- 蓝色 lánsè 명 파란색

- 贵 guì 형 비싸다
- 便宜 piányi 형 싸다, 저렴하다
- 现金 xiànjīn 명 현금
- 刷卡 shuākǎ 동 카드를 긁다, 카드로 계산하다
- 要 yào 조동 ~할 것이다, ~하려고 하다
- 付 fù 동 지불하다
- 打折 dǎzhé 동 할인하다

회화 Dialogue

🎧 11-2

 쇼핑을 나온 밍밍이 멋진 모자와 바지를 발견하고 가격을 묻는다.

A 这顶帽子多少钱?
Zhè dǐng màozi duōshao qián?

B 一顶五十块①。
Yì dǐng wǔshí kuài.

A 那条裤子呢?
Nà tiáo kùzi ne?

B 那条裤子两百②块。
Nà tiáo kùzi liǎngbǎi kuài.

A 이 모자 얼마예요?
B 한 개에 50위안이에요.
A 저 바지는요?
B 저 바지는 200위안이에요.

표현 TIP

① 块는 중국 화폐인 인민폐(人民币 Rénmínbì)의 기본 단위로 元 yuán '위안'과 같다. 块는 주로 입말에서 쓰고, 元은 주로 글말에서 쓴다.

② 200은 两百 또는 二百로 읽는다. 단, 천 단위 이상에서는 2,000 两千 liǎngqiān / 20,000 两万 liǎngwàn 과 같이 两으로 표현한다.

수현이 집으로 돌아가던 길에 길가에서 파는 사과를 보고 가격을 묻는다.

A 老板，苹果怎么卖?
Lǎobǎn, píngguǒ zěnme mài?

B 苹果十块五①一斤②。
Píngguǒ shí kuài wǔ yì jīn.

A 我买两斤吧。
Wǒ mǎi liǎng jīn ba.

B 一共③二十一块。
Yígòng èrshíyī kuài.

A 사장님, 사과 어떻게 팔아요?
B 사과는 한 근에 10.5위안이에요.
A 두 근 살게요.
B 모두 21위안이에요.

표현 TIP

① 인민폐의 단위는 块, 毛 máo(1/10块), 分 fēn(1/10毛)으로 이루어져 있다. 十块五(毛)처럼 앞 단위를 분명히 말한 경우, 바로 아래 단위는 생략할 수 있다.

② 중국에서는 과일이나 고기를 살 때 대부분 斤(500g) 단위로 가격을 묻는다.

③ 一共과 都는 우리말로 똑같이 '모두'라는 뜻이지만, 숫자 범위를 나타낼 때는 반드시 一共을 쓴다.

회화 Dialogue

🎧 11-4

 구두 상점에서 리리와 룸메이트 친구가 예쁜 신발을 보며 대화를 나눈다.

A 这双鞋很漂亮!
Zhè shuāng xié hěn piàoliang!

B 是, 真的很漂亮!
Shì, zhēnde hěn piàoliang!

A 你喜欢红色的①还是②蓝色的?
Nǐ xǐhuan hóngsè de háishi lánsè de?

B 我喜欢蓝色的。
Wǒ xǐhuan lánsè de.

A 이 신발 예뻐!
B 그래. 정말 예뻐!
A 빨간색이 좋아? 파란색이 좋아?
B 난 파란색이 좋아.

표현 TIP

① 的는 '~의 것', '~한 것'이라는 뜻으로 뒤에 오는 명사를 생략할 수 있다.

② 还是는 둘 중의 하나를 선택해야 하는 의문문에 쓰인다. 대답은 제시된 두 가지 중에서 하나를 선택한다.

 피규어숍에 온 밍밍은 맘에 드는 피규어 모델을 사기 위해 가격을 흥정한다.

A 太贵了，便宜一点儿吧。
Tài guì le, piányi yìdiǎnr ba.

B 现金还是刷卡？
Xiànjīn háishi shuākǎ?

A 我要①付现金。
Wǒ yào fù xiànjīn.

B 那就打八折②，好吗？
Nà jiù dǎ bā zhé, hǎo ma?

A 너무 비싸요. 좀 깎아주세요.
B 현금인가요? 카드인가요?
A 현금으로 지불할게요.
B 그럼 20% 할인해 드릴게요. 어때요?

 표현 TIP

① 要는 '~할 것이다', '~하려고 하다'라는 의지, 계획 등을 나타낸다.

② 打折는 '할인하다'라는 뜻으로 할인 폭을 구체적으로 말할 때에는 打와 折 사이에 지불해야 하는 금액에 대한 수를 넣어 나타낸다. 打九折 '10% 할인', 打七折 '30% 할인'과 같이 표현한다.

표현 Check ✓

1 这顶帽子多少钱? 이 모자는 얼마예요?

물건 값을 묻는 가장 일반적인 표현이다. 「물건+多少钱?」로 쓴다.

A 这件衣服多少钱? 이 옷은 얼마예요?
　Zhè jiàn yīfú duōshao qián?

B 九十九块。 99위안이에요.
　Jiǔshíjiǔ kuài.

件 jiàn 양 개, 건(물건을 세는 단위) | 衣服 yīfu 명 옷

2 苹果怎么卖? 사과는 어떻게 팔아요?

물건 값을 묻는 또 다른 표현으로 대체로 시세에 따라 값이 달라지는 상품에 많이 쓴다.

A 香蕉怎么卖? 바나나는 어떻게 팔아요?
　Xiāngjiāo zěnme mài?

B 一斤二十块。 한 근에 20위안이에요.
　Yì jīn èrshí kuài.

香蕉 xiāngjiāo 명 바나나

3 你喜欢红色的还是蓝色的? 빨간색이 좋아요? 파란색이 좋아요?

「A还是B?」 문형은 A와 B 가운데 하나를 선택해야 하는 의문문이다.

A 你喜欢喝咖啡还是喝绿茶? 커피를 좋아해요? 녹차를 좋아해요?
　Nǐ xǐhuan hē kāfēi háishi hē lǜchá?

B 我喜欢喝绿茶。 녹차 마시는 것을 좋아해요.
　Wǒ xǐhuan hē lǜchá.

4 便宜一点儿吧。 좀 깎아 주세요.

물건 값을 흥정할 때 흔히 쓰는 표현으로 '값을 좀 싸게 해 주세요'라는 뜻이다.

A 便宜一点儿吧。 좀 깎아 주세요.
Piányi yìdiǎnr ba.

B 已经很便宜了。 이미 저렴해요.
Yǐjing hěn piányi le.

단어 TIP 과일

단어	병음	뜻
梨	lí	배
西瓜	xīguā	수박
草莓	cǎoméi	딸기
葡萄	pútáo	포도
香蕉	xiāngjiāo	바나나

단어	병음	뜻
橘子	júzi	귤
橙子	chéngzi	오렌지
西柚	xīyòu	자몽
芒果	mángguǒ	망고
荔枝	lìzhī	여지

단어 TIP 색깔

단어	병음	뜻
红色	hóngsè	빨간색
橙色	chéngsè	주황색
黄色	huángsè	노란색
绿色	lǜsè	초록색
青色	qīngsè	파란색

단어	병음	뜻
蓝色	lánsè	파란색(남색)
紫色	zǐsè	보라색
黑色	hēisè	검은색
白色	báisè	흰색
灰色	huīsè	회색

패턴 Check ✓

🎧 11-6

1 这顶帽子**多少钱**?   이 모자는 얼마예요?

这双鞋**多少钱**?   이 신발은 얼마예요?
那条裙子**多少钱**?   저 치마는 얼마예요?
那件衣服**多少钱**?   저 옷은 얼마예요?

裙子 qúnzi 명 치마

2 苹果**怎么卖**?   사과는 어떻게 팔아요?

香蕉**怎么卖**?   바나나는 어떻게 팔아요?
猪肉**怎么卖**?   돼지 고기는 어떻게 팔아요?
这顶帽子**怎么卖**?   이 모자는 어떻게 팔아요?

猪肉 zhūròu 명 돼지 고기

3 你喜欢红色的**还是**蓝色的?   빨강이 좋아요? 파랑이 좋아요?

你喜欢黑色的**还是**白色的?   검은색이 좋아요? 흰색이 좋아요?
你要喝咖啡**还是**喝绿茶?   커피 마실래요? 녹차 마실래요?
他是韩国人**还是**中国人?   그는 한국인이에요? 중국인이에요?

4 我**要**付现金。   저는 현금으로 지불할 거예요.

我**要**刷卡。   저는 카드를 긁을 거예요.
我**要**去超市。   저는 마트에 갈 거예요.
我**要**买这条裙子。   저는 이 치마를 살 거예요.

학습 Check ✓

1 빈칸에 알맞은 한어병음을 적으세요.

① 사과   p__g__   ② 바지   k__z__

③ 주인   l__b__   ④ 싸다   p__y__

⑤ 빨간색 h__s__   ⑥ 할인하다 d__zh__

2 그림에 어울리는 문장을 찾으세요.

A
① 那条裤子两百块。
② 这顶帽子五十块。

B
① 苹果怎么卖?
② 我喜欢吃香蕉。

C
① 现在不打折。
② 现在打八折。

학습 Check ✓

3 대화를 보고 질문에 알맞은 답을 고르세요.

Ⓐ B는 얼마를 지불해야 하나요?
A：草莓八块五一斤。
B：我买两斤。
① 8.5块　　② 16.5块　　③ 17块

Ⓑ A와 B가 있는 곳은 어디인가요?
A：你喜欢喝拿铁还是卡普奇诺?
B：我要喝拿铁。
① 银行　　② 超市　　③ 咖啡店

Ⓒ B는 얼마를 지불해야 하나요?
A：这件衣服三百块，不过现在打八折。
B：好，我要买一件。
① 240块　　② 280块　　③ 300块

不过 búguò 접 그러나, 그런데

4 제시된 단어를 알맞게 배열하여 문장을 완성하세요.

① 卖 / 怎么 / 芒果
_____

② 你 / 还是 / 喜欢 / 蓝色的 / 黑色的
_____

③ 双 / 吗 / 鞋 / 这 / 打折 / 可以
_____

CHINESE epilogue #08

말 사이에 넣는 이음말, 간투사

"음…… 그러니까…… 그래서……"

말을 하다 보면 갑자기 단어나 표현이 떠오르지 않을 때가 있다. 그럴 때면 "음……", "그러니까……", "그래서……" 등과 같은 여러 표현으로 말을 이어가곤 한다. 이런 관습은 꼭 우리말 뿐 아니라 세상 어떤 언어에도 있다. 우리말에서는 이런 말을 '군말' 또는 '간투사'라고 부른다. 중국어에도 역시 이런 표현이 있다. 중국어로는 이런 말을 口头禅 kǒutóuchán이라고 한다. 口头禅은 개인의 습관에 따라 형성된다. 사람마다 잘 쓰는 표현이 있는 것이다. 그래서 口头禅은 단지 말이 생각나지 않을 때 뿐 아니라, 말을 하면서 습관적으로 중간에 집어넣는 경우에도 자주 쓰인다. 중국어에도 많은 口头禅이 있는데, 가장 대표적으로는 这个 zhège와 那个 nàge가 있다. 또 我看, 我觉得, 然后 등과 같은 표현들도 자주 쓰인다. 口头禅을 잘 활용하면 급한 순간 말을 이어주고, 자신의 말을 자연스러운 구어체로 만들 수도 있다. 그러나 우리말과 마찬가지로 과도하게 쓰다 보면 정작 자신이 말하고자 하는 바를 분명히 전달하기 어려울 수도 있으므로 조심해야 한다.

쑤저우 저우장 (苏州 周庄)

12

만만한 복습

10과 ~ 11과

- 표현 Review
- 긴 회화 Dialogue

학습목표 11과, 12과의 회화 표현을 긴 회화로 학습합니다.

표현 Review

 12-1

10과

1. 커피숍은 1층에 있어요.
   ➡ 咖啡店在一楼。 Kāfēidiàn zài yī lóu.

2. 지하철역은 어떻게 가나요?
   ➡ 地铁站怎么走？ Dìtiě zhàn zěnme zǒu?

3. 이 근처에 약국이 있나요?
   ➡ 这附近有药店吗？ Zhè fùjìn yǒu yàodiàn ma?

4. 기차역은 여기에서 좀 멀어요.
   ➡ 火车站离这儿有点儿远。 Huǒchē zhàn lí zhèr yǒudiǎnr yuǎn.

11과

1. 이 모자는 얼마예요?
   ➡ 这顶帽子多少钱？ Zhè dǐng màozi duōshao qián?

2. 사과는 어떻게 팔아요?
   ➡ 苹果怎么卖？ Píngguǒ zěnme mài?

3. 빨간색이 좋아요? 파란색이 좋아요?
   ➡ 你喜欢红色的还是蓝色的？ Nǐ xǐhuan hóngsè de háishi lánsè de?

4. 좀 깎아 주세요.
   ➡ 便宜一点儿吧。 Piányi yìdiǎnr ba.

긴 회화 Dialogue

🎧 12-2

A 请问，便利店在哪儿?
　Qǐngwèn, biànlìdiàn zài nǎr?

B 便利店就在药店东边①。
　Biànlìdiàn jiù zài yàodiàn dōngbiān.

A 药店怎么走?
　Yàodiàn zěnme zǒu?

B 药店从这边一直往前走，
　Yàodiàn cóng zhèbiān yìzhí wǎng qián zǒu,

　然后在路口往左拐就是。
　ránhòu zài lùkǒu wǎng zuǒ guǎi jiù shì.

A 药店离这儿远吗?
　Yàodiàn lí zhèr yuǎn ma?

　可以走过去吗?
　Kěyǐ zǒu guòqù ma?

B 当然可以。一点儿都不远!② 三分钟就到。
　Dāngrán kěyǐ. Yìdiǎnr dōu bù yuǎn! Sān fēnzhōng jiù dào.

A 知道了。谢谢!
　Zhīdào le. Xièxie!

A 실례합니다. 편의점이 어디에 있어요?
B 편의점은 약국 동쪽에 있어요.
A 약국에는 어떻게 가죠?
B 약국은 이쪽으로 곧장 앞으로 가요.
　그 다음에 갈림길에서 왼쪽으로 돌면 돼요.
A 약국이 여기서 멀어요? 걸어갈 수 있어요?
B 물론이죠. 하나도 안 멀어요! 3분이면 도착해요.
A 알겠어요. 감사합니다!

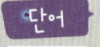 东边 dōngbiān 명 동쪽 | 左 zuǒ 명 좌측, 왼쪽 | 然后 ránhòu 접 그런 후에, 그 다음에 | 分钟 fēnzhōng 명 분(시간) | 知道 zhīdào 동 알다, 이해하다

🎧 12-3

표현 TIP
① 방향을 나타낼 때 东西南北(동서남북)를 자주 사용한다.
② 「一点儿都不+형용사」는 '조금도 ~하지 않다'라는 표현이다.

✓ 학습 Check 1

1 빈칸에 알맞은 한어병음을 넣어 말해보세요.

① 편의점이 어디 있어요?
　　Biànlìdiàn _____?

② 곧장 앞으로 가세요.
　　Yìzhí _____.

③ 약국은 편의점 동쪽에 있어요.
　　Yàodiàn _____ biànlìdiàn de _____.

④ 걸어갈 수 있어요?
　　_____ ma?

⑤ 3분이면 도착해요.
　　Sān fēnzhōng _____.

2 빈칸에 알맞은 대화를 넣어 말해보세요.

① A　便利店在哪儿?
　　B _____ (Biànlìdiàn zài yàodiàn de běibiān.)

② A _____ (Yàodiàn zěnme zǒu?)
　　B　在路口往左拐就是。

③ A　书店离这儿远吗?
　　B _____ (Yìdiǎnr dōu bù yuǎn.)

④ A　书店可以走过去吗?
　　B _____ (Kěyǐ, wǔ fēnzhōng jiù dào.)

⑤ A _____ (Biànlìdiàn lí shūdiàn jìn ma?)
　　B　很近。

긴 회화 Dialogue

A 这条裙子多少钱?
Zhè tiáo qúnzi duōshao qián?

B 一条一百二。
Yì tiáo yìbǎi èr.

A 明明，这条裙子很漂亮!
Míngmíng, zhè tiáo qúnzi hěn piàoliang!

C 是的。很漂亮!
Shì de. Hěn piàoliang!
你喜欢黑色的还是灰色的?
Nǐ xǐhuan hēisè de háishi huīsè de?

A 我喜欢黑色的。
Wǒ xǐhuan hēisè de.

C 我觉得价钱有点儿贵。
Wǒ juéde jiàqián yǒudiǎnr guì.

A 老板，可以打折吗?
Lǎobǎn, kěyǐ dǎzhé ma?

B 可以。现在一律①打七五折②。
Kěyǐ. Xiànzài yílǜ dǎ qī wǔ zhé.

A 太好了! 我买一条吧。
Tài hǎo le! Wǒ mǎi yì tiáo ba.

A 이 치마는 얼마예요?
B 한 벌에 120(위안)이에요.
A 밍밍, 이 치마 참 예쁘다!
C 그래. 예쁘네!
　검은색이 좋아? 회색이 좋아?
A 나는 검은색이 좋아.
C 내가 생각하기엔 가격이 좀 비싼 걸.
A 사장님, 할인 되나요?
B 네. 지금 전부 25% 할인이에요.
A 너무 좋네요! 하나 살게요.

단어 裙子 qúnzi 명 치마 | 灰色 huīsè 명 회색 | 价钱 jiàqián 명 가격 | 一律 yílǜ 부 모두, 일률적으로

표현 TIP ① 我看은 '모두', '일률적으로' 라는 뜻으로 말하는 내용이 수준이나 정도가 모두 같음을 나타낸다.
② 할인율을 말할 때 '5%', '15%', '25%' 등은 打九五折, 打八五折, 打七五折와 같이 표현한다.

✓ 학습 Check 2

1 빈칸에 알맞은 한어병음을 넣어 말해보세요.

① 이 치마는 얼마예요?
  Zhè tiáo _____?

② 이 치마가 예뻐요.
  Zhè tiáo_____.

③ 할인이 되나요?
  _____ma?

④ 저는 회색이 좋아요.
  Wǒ_____.

⑤ 그럼 한 벌 살게요.
  Nà wǒ_____.

2 빈칸에 알맞은 대화를 넣어 말해보세요.

① A 这条裙子多少钱?
  B _____ (Yì tiáo yìbǎi jiǔshíjiǔ.)

② A 这条裙子怎么样?
  B _____ (Wǒ juéde hěn piàoliang!)

③ A _____ (Nǐ xǐhuan hēisè de háishi huīsè de?)
  B 我喜欢黑色的。

④ A 你觉得价钱怎么样?
  B _____ (Jiàqián yǒudiǎnr guì.)

⑤ A 老板, 可以打折吗?
  B _____ (Kěyǐ, xiànzài yílǜ dǎ bā wǔ zhé.)

자·신·만·만
복습 II

07~12과의 학습 내용을 핵심 표현만 콕콕 짚어 복습합니다.

✓ 듣기 Check up!

✓ 단어 Check up!

✓ 문장 Check up!

✓ 회화 Check up!

✓ 쓰기 Check up!

듣기 Check up!

1 녹음을 듣고 성조를 알맞게 표시하세요.  복습 2-1

① chifan ② kaoya ③ kongtiao

④ tingshuo ⑤ ditie ⑥ lukou

⑦ maozi ⑧ xianjin ⑨ piaoliang

2 녹음을 듣고 알맞은 그림을 찾으세요. 복습 2-2

①  ②  ③  ④

A    B

C    D

3 빈칸에 알맞은 단어 퍼즐을 넣으세요.

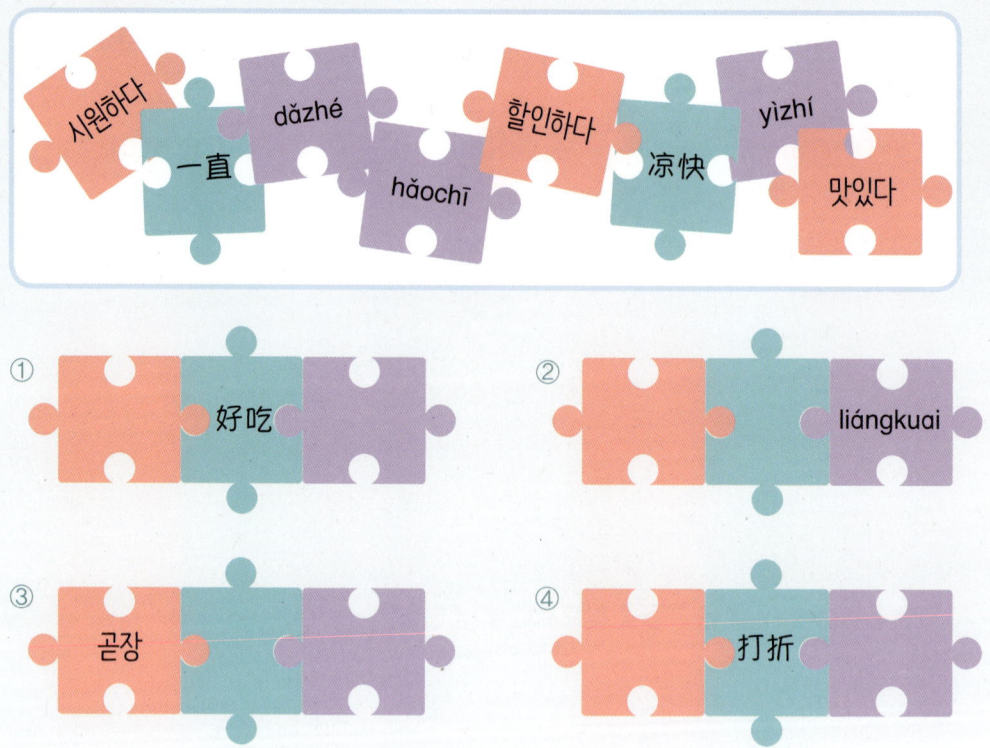

문장 Check up!

4 우리말 문장을 중국어로 적으세요.

① 나는 짜장면이 먹고 싶어요. ➡ _____

② 나는 좀 덥다고 생각해요. ➡ _____

③ 지하철역은 여기서 멀지 않아요. ➡ _____

④ 나는 커피 마시는 것을 별로 좋아하지 않아요. ➡ _____

회화 Check up!

5 그림을 보며 상황에 어울리는 대화를 완성하세요.

①

A 你吃饭了吗?
Nǐ chīfàn le ma?

B _____ 你呢?
_____ Nǐ ne?

A 我也还没吃饭。
Wǒ yě hái méi chīfàn.

②

A 妈妈，你好吗?
Māma, nǐ hǎo ma?

B 我很好。你那儿_____
Wǒ hěn Hǎo. Nǐ nàr _____

A 我这儿风有点儿大。
Wǒ zhèr fēng yǒudiǎnr dà.

③

A 地铁站_____
Dìtiě zhàn _____

B 一直走就能到。
Yìzhí zǒu jiù néng dào.

A 谢谢。
Xièxie.

④

A 太贵了，便宜一点儿吧。
Tài guì le, piányi yìdiǎnr ba.

B _____
_____

A 我要付现金。
Wǒ yào fù xiànjīn.

쓰기 Check up!

6 큰소리로 읽으며 한자를 써보세요.

北京 Běijīng 베이징

北 北 北 北 北 北
京 京 京 京 京 京 京 京

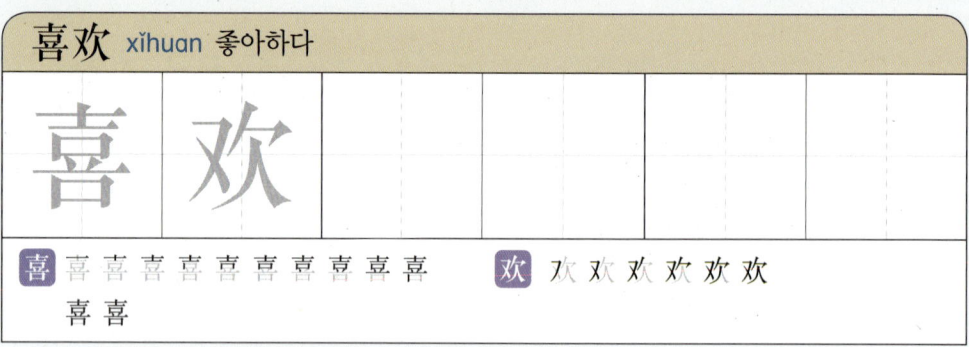

喜欢 xǐhuan 좋아하다

喜 喜 喜 喜 喜 喜 喜 喜 喜 喜 喜 喜
欢 欢 欢 欢 欢 欢 欢

非常 fēicháng 매우

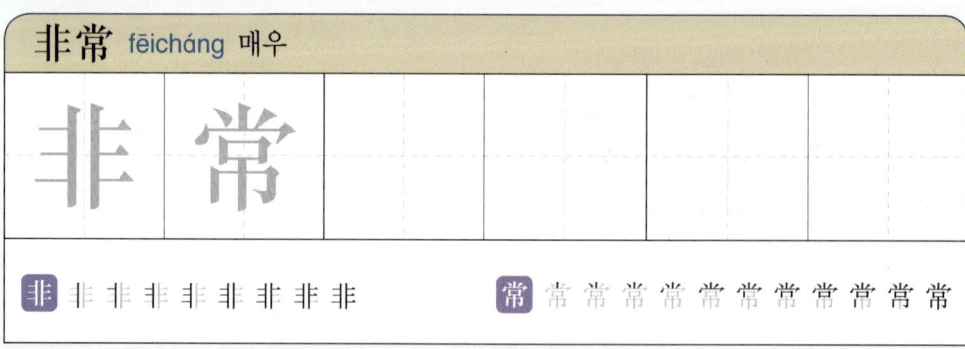

非 非 非 非 非 非 非 非
常 常 常 常 常 常 常 常 常 常 常

多少 duōshao 얼마, 몇

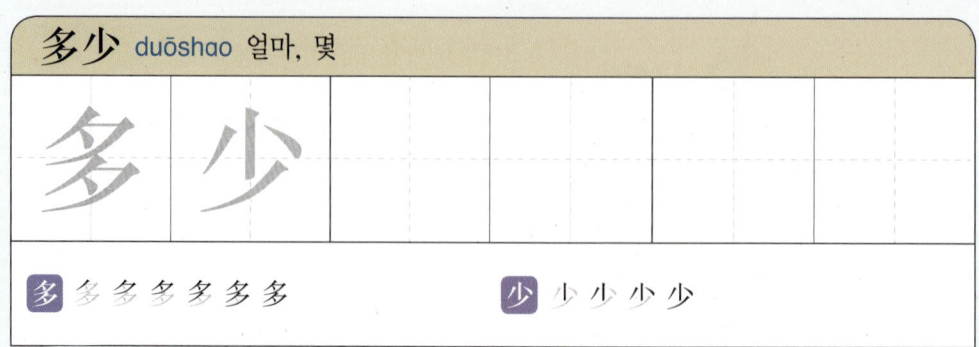

多 多 多 多 多 多 多
少 少 少 少 少

药店 yàodiàn 약국

药 药 药 药 药 药 药 药 药

店 店 店 店 店 店 店 店

漂亮 piàoliang 예쁘다

漂 漂 漂 漂 漂 漂 漂 漂 漂 漂 漂 漂 漂 漂

亮 亮 亮 亮 亮 亮 亮 亮 亮

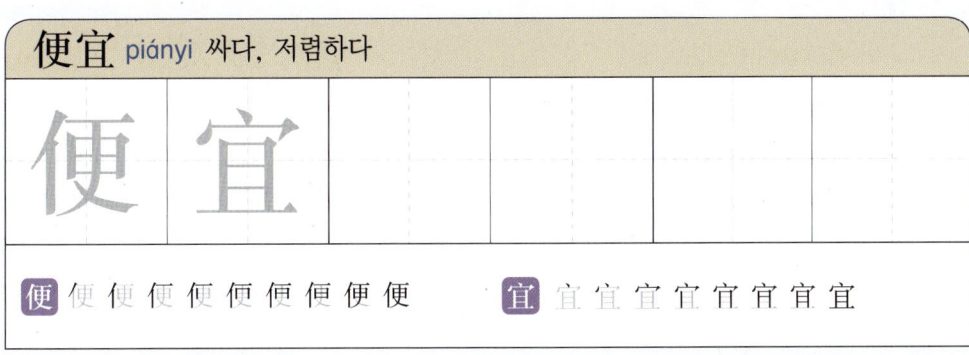

便宜 piányi 싸다, 저렴하다

便 便 便 便 便 便 便 便 便

宜 宜 宜 宜 宜 宜 宜 宜

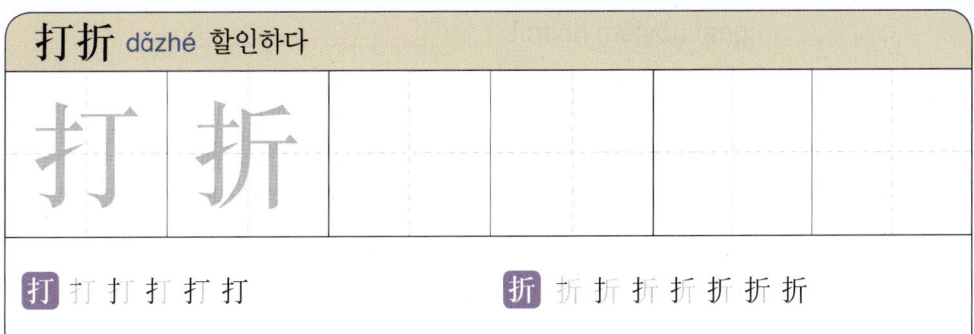

打折 dǎzhé 할인하다

打 打 打 打 打 打 打

折 折 折 折 折 折 折 折

모범 답안

- 01~12 학습 Check
- 복습 I · II

01

학습 Check ✓   19p

1. Ⓐ ③   Ⓑ ③   Ⓒ ①
2. Ⓐ ②   Ⓑ ①   Ⓒ ③
3. ① 见   ② 很
   ③ 不   ④ 客气
4. ① 谢谢您。
   ② 我不忙。
   ③ 早上好！
   ④ 没关系。

02

학습 Check ✓   31p

1. Ⓐ ④   Ⓑ ②   Ⓒ ①
2. Ⓐ ①   Ⓑ ②   Ⓒ ②
3. ① 贵   ② 叫   ③ 姓
   ④ 哪   ⑤ 不是 ⑥ 在
4. ① 我姓王。
   ② 我的名字叫丽丽。
   ③ 她在学校工作。

03

학습 Check 1 ✓   37p

1. ① hǎo
   ② hǎo / jiàn
   ③ buqǐ
   ④ hěn máng
   ⑤ jiàn
2. ① 您好！
   ② 你忙吗？
   ③ 好久不见！
   ④ 没关系。
   ⑤ 改天见！

학습 Check 2 ✓   39p

1. ① guì xìng
   ② Xìnghuì
   ③ ne
   ④ shì / rén
   ⑤ bú shì
2. ① 我姓朴。
   ② 幸会！
   ③ 我不是韩国人。
   ④ 你是中国人吗？
   ⑤ 你做什么工作？

04

학습 Check 49p

1. ① péngyou ② shéi
   ③ bàba ④ mèimei
   ⑤ háizi ⑥ jīnnián

2. Ⓐ ① Ⓑ ① Ⓒ ②

3. ① 这 ② 也都 ③ 口
   ④ 没有 ⑤ 了 ⑥ 一个

4. ① 你家有几口人？
   ② 那是我爸爸。
   ③ 这孩子几岁了？

05

학습 Check 61p

1. ① xīngqīliù ② shénme shíhòu
   ③ huílái ④ zuótiān
   ⑤ wǔyuè ⑥ shēngrì

2. Ⓐ ② Ⓑ ① Ⓒ ②

3. ① 现在 ② 几 ③ 星期四
   ④ 是 ⑤ 不 ⑥ 什么时候

4. ① 现在七点半。
   ② 明天不是星期一。
   ③ 我这个星期天回来。/
     这个星期天我回来。

06

학습 Check 1 67p

1. ① shéi
   ② (de) péngyou
   ③ zhǐ / yí ge
   ④ èrshí (suì)
   ⑤ bù dōu shì

2. ① 这是谁？
   ② 我没有姐姐。
   ③ 我今年二十二了。
   ④ 他们不都是我朋友。
   ⑤ 你有兄弟姐妹吗？

학습 Check 2 69p

1. ① jǐ yuè jǐ hào
   ② qī yuè shísān hào
   ③ xīngqī jǐ
   ④ (shì) xīngqīwǔ
   ⑤ Míngtiān / zuò

2. ① 今天星期几？
   ② 明天二月十四号。
   ③ 我的生日是一月十九号。
   ④ 明天你做什么？
   ⑤ 我星期天去看电影。

복습 I 71p

1. ① zǎo ② máng ③ zài
   ④ yuè ⑤ míng ⑥ tā
   ⑦ jīn ⑧ suì ⑨ zuò

2. ① D ② A ③ B ④ C

   🎧 녹음 내용
   ① 我的生日是九月十号。
   ② 我家有爸爸、妈妈和我。
   ③ 他叫李明明，他是中国人。
   ④ 对不起，最近我很忙。

3. ① 친구 — 朋友 — péngyou
   ② 어제 — 昨天 — zuótiān
   ③ 일하다 — 工作 — gōngzuò
   ④ 상하이 — 上海 — Shànghǎi

4. ① 他们都是韩国人。
   ② 我没有女朋友。
   ③ 我今年二十三了。
   ④ 我的生日(是)六月三十号。

5. ① 你好吗?
      Nǐ hǎo ma?
   ② 中国人。
      Zhōngguó rén.
   ③ 几岁了?
      jǐ suì le?
   ④ 九点三十分。/ 九点半。
      jiǔ diǎn sānshí fēn. /
      jiǔ diǎn bàn.

07 학습 Check 85p

1. ① yǐjing ② yìqǐ
   ③ qǐngkè ④ yāròu
   ⑤ xǐhuan ⑥ hǎochī

2. Ⓐ ② Ⓑ ① Ⓒ ②

3. Ⓐ ③ Ⓑ ② Ⓒ ②

4. ① 她不能吃鸭肉。
   ② 我们一起去吃饭吧。
   ③ 我不太喜欢喝可乐。

08 학습 Check 97p

1. ① fēicháng ② dàxué
   ③ kōngtiáo ④ qìwēn
   ⑤ tiānqì yùbào ⑥ zǎoshang

2. Ⓐ ① Ⓑ ② Ⓒ ①

3. Ⓐ ③ Ⓑ ② Ⓒ ③

4. ① 今天天气怎么样?
   ② 我觉得太冷了。
   ③ 听说他那儿没有风。

09

학습 Check 1 103p

1. ① chīfàn le ② hái méi
   ③ xiǎng chī ④ tài è le
   ⑤ wǒ qǐngkè

2. ① 我什么都想吃。
   ② 你吃饭了吗?
   ③ 我不太饿。
   ④ 一起去吃吧。
   ⑤ 你想吃什么?

학습 Check 2 105p

1. ① tiānqì zěnmeyàng
   ② tiānqì bù zěnme hǎo
   ③ qìwēn yǒudiǎnr dī
   ④ xiàwǔ huì xiàyǔ
   ⑤ yǒu nǐ de yǔsǎn

2. ① 明天天气不太好。
   ② 明天不会下雨。
   ③ 今天没有风。
   ④ 今天气温是多少?
   ⑤ 我带一把雨伞。

10

학습 Check 115p

1. ① fùjìn ② lùkǒu
   ③ huǒchē ④ yìzhí
   ⑤ bù hǎo yìsi ⑥ chūzū qìchē

2. Ⓐ ① Ⓑ ① Ⓒ ②

3. Ⓐ ① Ⓑ ② Ⓒ ③

4. ① 一楼有药店。
   ② 一直走就能到。
   ③ 超市离这儿有点儿远。

11

학습 Check 127p

1. ① píngguǒ ② kùzi
   ③ lǎobǎn ④ piányi
   ⑤ hóngsè ⑥ dǎzhé

2. Ⓐ ② Ⓑ ① Ⓒ ②

3. Ⓐ ③ Ⓑ ③ Ⓒ ①

4. ① 芒果怎么卖?
   ② 你喜欢黑色的还是蓝色的?
      你喜欢蓝色的还是黑色的?
   ③ 这双鞋可以打折吗?

12

학습 Check 1 133p

1. ① zài nǎr
   ② wǎng qián zǒu
   ③ zài / dōngbiān
   ④ Kěyǐ zǒu guòqù
   ⑤ jiù dào

2. ① 便利店在药店的北边。
   ② 药店怎么走?
   ③ 一点儿都不远。
   ④ 可以，五分钟就到。
   ⑤ 便利店离书店近吗?

학습 Check 2 135p

1. ① qúnzi duōsaho qián
   ② qúnzi hěn piàoliang
   ③ Kěyǐ dǎzhé
   ④ xǐhuan huīsè de
   ⑤ mǎi yì tiáo (ba) /
      mǎi yí jiàn (ba)

2. ① 一条一百九十九。
   ② 我觉得很漂亮！
   ③ 你喜欢黑色的还是灰色的?
   ④ 价钱有点儿贵。
   ⑤ 可以，现在一律打八五折。

복습 II 137p

1. ① chīfàn ② kǎoyā
   ③ kōngtiáo ④ tīngshuō
   ⑤ dìtiě ⑥ lùkǒu
   ⑦ màozi ⑧ xiànjīn
   ⑨ piàoliang

2. ① D ② B ③ C ④ A

 녹음 내용

① 这条裤子很漂亮。
② 面包店在书店旁边。
③ 今天下午会下雨的。
④ 我想喝一杯热咖啡。

3. ① 맛있다 | 好吃 | hǎochī
   ② 시원하다 | 凉快 | liángkuai
   ③ 곧장 | 一直 | yìzhí
   ④ 할인하다 | 打折 | dǎzhé

4. ① 我想吃炸酱面。
   ② 我觉得有点儿热。
   ③ 地铁站离这儿不远。
   ④ 我不太喜欢喝咖啡。

5. ① 我还没吃饭。
      Wǒ hái méi chīfàn.
   ② 天气怎么样?
      tiānqì zěnmeyàng?
   ③ 怎么走?
      zěnme zǒu?
   ④ 现金还是刷卡?
      Xiànjīn háishi shuākǎ?